저,

사랑이

처음인데요

사랑이 막막한 십 대를 위한
심리학 이야기

심리학자
이남석
지음

북트리거

차례

모든
일에는
끝이
있다

사랑, 할까요? 말까요?

십 대는 연애하면 안 되나요?
어른들은 우리에게 연애하지 말라고 해요.
그런데 친구들은 연애하면 참 좋다고 하는데요.
누구 말이 맞나요?

십 대의 연애, 플러스인가 마이너스인가

제가 청소년 대상의 강연을 할 때마다 꼭 나오는 질문들이 있어요.

"작가님은 청소년의 연애에 대해 어떻게 생각하나요?"

이렇게 일반적인 질문도 있고요.

"지금까지 아무도 사귀지 못한 '모태 솔로'예요. 어떻게 해야 할까요?"

이렇게 개인적인 질문도 있어요.

두 질문에는 쉽게 답할 수 있어요. 저를 당황하게 만들었던 질문은 따로 있습니다.

"작가님, 심리학자라고 하시니까 물어볼게요. 드라마나 영화에 사랑은 단골 소재잖아요. 어른들은 사랑 타령을 그렇게 하면서도 우리한테는 대학에 가서 연애를 하래요. 좋은 대학 가고 번듯한 데 취직해서 괜찮은 사람 만나면 행복할 거라고 말해요. 학생은 사랑을 하지 말래요. 사랑이 좋다면서 그 좋은 것을 나중에 하래요. 공부는 당장 하라고 하시면서…."

한 여학생의 질문에 남녀 모두 고개를 끄덕였습니다. 여학생은 점점 목소리를 높였어요.

"그런데 막상 또래 친구들은 얼른 연애하래요. 어려움을 함께 이겨 낼 수 있고, 외롭지도 않고, 재미있는 경험을 많이 한다면서요. 대체 누구 말이 옳은 거예요?"

저는 심리학자로서 답을 하고 싶었어요. 심리학자는 즉흥적으로 결론을 내리지 않아요. 심리검사와 관찰, 실험을 통해 사람들의 마음을 연구하고, 이를 바탕으로 이야기하지요. 저는 즉석에서 학생들에게 설문 조사를 제안했습니다.

"청소년기의 연애가 도움이 된다고 생각하는 분은 손을 들어 보세요."

강연 참석자 중 절반 조금 넘는 60명 정도의 사람들이 손을 들었습니다.

"이분들 중에서, 연애 경험이 없는 분은 손을 내려 주세요. 예전에 연애한 적이 있거나 지금 진행 중인 분들은 그대로 손을 들고요."

15명 정도 되는 학생들이 손을 들고 있었지요. 즉석에서 이뤄진 설문 조사지만 유의미한 통찰을 얻을 수 있었습니다. 연애가 도움이 된다고 주장한 학생들 중 4분의 1 정도만 실제 경험을 토대로 결론을 내렸다는 사실입니다. '연애가 도움이 된다'는 주장에 대한 근거가 빈약한 셈입니다.

연애가 도움이 되지 않는다고 주장하는 어른들도 마찬가지입니다. 이들 역시 경험이나 정확한 근거 없이 자신의 느낌으로 청소년기에는 연애가 도움이 되지 않는다고 단정해 버립니다. 하지만 느낌은 말 그대로 느낌일 뿐입니다. 느낌만으로 무엇이 맞거나 틀리다고 결론을 내려서는 안 되지요.

연애, '독'이 아닌 '약'이 되려면…

십 대인 여러분에게 질문을 던져 보겠습니다. 청소년기에 연애를 해야 한다면, 이유는 무엇일까요?

① 공부에 도움이 된다.

② 정서가 안정된다.

③ 일상의 활력이 된다.

④ 외롭지 않다.

어떤 걸 골랐나요? 저마다 답이 다르겠지만, 1번을 고른 친구들은 별로 없을 것이라 예상합니다. 그런데 어른들에게 반대로 '청소년기에 연애를 하지 말아야 하는 이유를 고르세요.'라고 묻는다면 어떨까요? 아마 1번을 바꿔서 '공부에 도움이 되지 않는다.'라고 말할 겁니다.

이외에도 십 대의 연애에 대한 어른들의 우려는 많습니다. 연애하면서 성적(性的) 행위로 책임지지 못할 문제를 만들거나, 정서가 불안정해질지도 모른다고 걱정하기도 하지요. 주로 연애로 인해 일어날 수 있는 부정적인 면을 문제 삼아요. 이렇게 주목하는 지점이 다르니, 연애에 대한 입장도 다를 수밖에 없지요.

연구 자료를 따로 모아 놓은 사이트인 '구글 스콜라(scholar.google.com)'에서 '청소년 사랑' 혹은 '청소년 연애'를 검색하면 무엇이 나오는지 살펴보세요. 연구 자체가 많지 않으며, 그나

마 있는 자료들도 '일탈'이나 '중독'처럼 부정적인 면에 초점을 맞추지요. 긍정적인 사랑에 대한 연구는 많이 부족합니다. 그나마 연구 중에서도 사랑과 관련된 이야기보다는 성에 관련된 이야기가 더 많습니다. 이런 상황에서 청소년이나 보통의 어른들이 청소년기의 연애가 도움이 되는지 어떻게 합리적 근거를 바탕으로 결론을 내릴 수 있을까요?

이 책을 통해서 찬찬히 살펴보겠지만, 청소년기의 연애는 분명 도움이 됩니다. 하지만 무조건 연애를 하는 게 바람직하다는 말은 아니에요. 운동이 건강에 좋다고 막무가내로 했다가 부상을 입는 것처럼, 사랑도 함부로 하면 마음이 상하게 되어 있습니다. 우리는 자신에게 도움이 되는 연애는 무엇이고, 독이 되는 연애는 무엇인지 고민해야 해요.

저는 청소년기에 사랑을 반드시 해야 할 필요는 없다고 생각해요. 하지만 다가오는 사랑을 피하며 꼭 하지 말아야 할 이유도 없다고 생각합니다. 행복한 사랑을 할 수 있는 조건을 갖추었다면 일부러 피할 필요는 없어요. 자신의 삶과 행복을 중심으로 놓았을 때 사랑을 하는 것이 맞다면 그렇게 해야지요. 저의 우려는 내가 중심이 아닌, 다른 사람의 시선을 중심에 놓고 사랑하는 것입니다. '행복은 모르겠고, 일단 연애는 좋다니까 호기심이 생기네. 한번 해 볼까?'라는 십 대의 생각은 '행복은 모르겠고, 청소년기에 연애는 좋지 않으니 무조건 나중에 하라고 말해 버리자.'라는 어른의 생각처럼 문제가 있어요.

심리학자들이 사랑을 중요시하는 이유는 사랑이 행복의 지름길이기 때문이에요. 그래서 지금까지 행복한 사랑을 할 수 있는 방법에 대해 많이 연구해 왔습니다. 청소년의 사랑에도 그 방법들을 적용할 수 있어요. 청소년의 연애를 권장하지 않는 사회 분위기 때문에 공유하지 않는 거지요. 그런 사이 청소년은 별 생각 없이 행복과 관계없는 사랑을 하기도 하니 참 안타까운 일이에요.

종종 드라마와 영화 등에서는 비극적인 사랑을 그리기도 해요. 그 비극도 나름 가치가 있지요. 하지만 여러분, 생각해 보세요. 행복한 사랑을 할 수 있는데도 일부러 비극적인 사랑을 선택하겠어요? 만약 일부러 비극적인 사랑을 하고 싶다면, 그것은 사랑이 아니라 자기 파괴의 심리에 더 가까워요. 자기 행복을 진지하게 고려하지 않은 미성숙한 사랑이지요.

저는 지금부터 행복으로 이끄는 사랑에 대해 말하려고 합니다. 자, 저와 함께 '꽃길'을 걸어 볼까요?

나는 왜 나쁜 이성에게 끌릴까요?

주변 사람들을 보면
나쁜 스타일의 이성에게 쉽게 끌리는 것 같아요.
그 이유가 뭘까요?

어느 날 지인 가족이 집에 놀러 왔습니다. 어른끼리는 식탁에 앉아 수다를 떨었고, 아이들끼리는 거실에서 텔레비전을 틀고 이야기를 나누었지요. 아이들은 리모콘을 받자마자 음악 방송을 먼저 틀었어요. 소리를 조금 줄여 달라고 부탁했더니, 아예 드라마 채널로 바꾸더군요. 그런데 드라마를 보던 고등학교 1학년인 지인 아들 민이가 갑자기 저에게 묻더군요.

"박사님, 저 궁금한 게 있어요."

청소년이 박사님이라고 부를 때는 긴장하게 돼요. 평소와 달리 아주 진지한 질문을 할 때 주로 그런 호칭을 붙이거든요. 뒤에 이어지는 질문은 매우 어려운 경우가 많았어요. 예를 들어 "신이 사람을 만들었나요? 인간이 만들었나요?"와 같은 질문이지요. 마음 놓고 수다를 떨던 중에 질문이 들어오니 당황스러웠습니다.

민이가 말을 이었습니다.

"저 드라마에서도 그렇고, 제 주변 애들을 봐도 그렇고, 여자들은 나쁜 남자에게 잘 빠지는 거 같아요."

"나쁜 남자?"

"남자가 생각하는 좋은 남자보다는 나쁜 남자에게 더 매력을 느끼는 것 같다는 말이에요."

그 말을 듣더니 제 큰딸이 되받아쳤습니다.

"뭐야, 남자야말로 나쁜 여자에게 더 끌리는 거 같던데."

우리 대화를 듣다가 식탁 건너편에 있던 지인도 말을 보탰습니다.

"아, 저도 평소에 궁금했어요. 왜 남자는 나쁜 여자에게, 여자는 나쁜 남자에게 빠지는 걸까요?"

모두 속사포 질문으로 저를 몰아세웠습니다. 일단 저는 여유 있게 농담으로 받아쳤습니다.

"그렇게 사랑에 빠지기 때문에 우리 모두 연애를 하고 결혼도 하는 거잖아요."

° 왜 자꾸 나쁜 남자에게 끌릴까

'착한 여자 콤플렉스'라는 말을 종종 들어 봤을 거예요. '나쁜 여자 콤플렉스'라는 말보다 더 자주 쓰입니다. 이는 유독 나쁜 남자를 만나 고생하는 착한 여자를 가리킬 때 쓰이는데, 사실은 '착한 아이 콤플렉스'에서 비롯되었어요.

착한 아이 콤플렉스를 설명하기 위해 드라마를 예로 들어 볼게요. 드라마에는 종종 나쁜 남자 곁에서 상처받은 주인공 여자의 이야기가 나옵니다. 나쁜 남자뿐만 아니라, 주변 사람들도 주인공에게 상처를 줍니다. 주인공을 보면서 시청자는 안타까워합니다. 이렇게 말하는 시청자들도 있습니다. '저렇게 사람들이 나쁘게 대하는데도 남 탓하지 않고 묵묵히 견디다니, 주인공은 정말 천사야!' 주위 사람이 못되게 대할수록 주인공의 착한 심성은 더욱 부각되지요.

그런 사람이 드라마에만 있는 것은 아닙니다. 유독 착한 사람이라는 평가를 중요시하는 사람이 있습니다. 그 착한 역할을 하느라 힘들어도, 아니 힘들수록 더 보람을 느끼지요. 행복한 사람이라는 말보다는 착한 사람이라는 평가를 더 듣고 싶어 하는 것 같아 보여요.

심리학에서는 이를 '착한 사람 콤플렉스(Nice-guy complex)'라고 합니다. '착한 아이 콤플렉스' 혹은 '착한 아이 증후군(Good boy syndrome)'이라고도 해요. 왜 하필 '아이'냐고요? 착한 아이가 갖게 되는 콤플렉스여서 그렇습니다. 여기서 '착한 아이'란, 다른 사람의 요구에 맞춰서 자신의 속마음을 숨기던 아이를 말합니다. 그러는 대신 착하다는 칭찬을 들으며 만족하는 것이지요. 이런 식으로 칭찬을 받으며 자란 아이는 나이가 들어서도 좋은 인간관계를 위해 자신의 욕망이나 속마음을 억눌러야 한다고 생각합니다. 잘 억누를수록 좋은 평가를 받을 수 있다고 믿는 것이지요.

어렸을 때를 떠올려 보세요. 절대적인 도덕 개념으로 '착하다'와 '착하지 않다'를 나눴나요? 그보다는 부모님이나 선생님 같은 어른의 말을 잘 따르면 착하다는 말을, 따르지 않으면 나쁘다는 말을 들었을 거예요. 아이는 '어른 말을 잘 들으면 착한 사람이야. 착한 사람이 되면 버림받지 않을 거야.'라고 생각하기 쉽습니다. 그렇게 자란 아이는 남의 눈치를 보고, 남의 욕구를 우선으로 여기며 갈등을 피하려고 하지요. 자신이 다른 사람에게 착하게 행동하고 있는지를 계속 확인합니다.

° 너무 착해서… 나쁜 남자를 만났다?

그런데 왜 착한 여자 콤플렉스 혹은 나쁜 남자 콤플렉스라는 말이 그렇게 유명해졌을까요? 이는 자기의 속마음을 숨기며 자신을 상대에게 맞추려는 여성이 흔하다는 말일 텐데요. 우리 사회의 전반적인 분위기와 관련이 있습니다.

종종 별 고민 없이 이런 말을 하는 어른들이 있습니다.

"네가 누나니까 동생을 잘 살펴야지. 당연한 것 아니야?"

나이가 더 많은 누나니까 당연하다고요?

"오빠가 배고프다고 하면 밥 정도는 차려 줄 수 있지. 여동생이잖아."

나이가 많아서, 혹은 나이가 적어서라는 단서가 붙어 있지만 다시 고민해 볼 필요가 있습니다. 그게 아니라 '여자니까'라는 이유를 덧붙이고 싶었던 건 아닐까요? 예전에는 학급 반장으로 남자를 선호하거나, 체육대회 등 학교 행사에서 남학생이 주도적으로 나서는 경우가 많았어요. 이러한 사회 분위기 속에서 여성은 자연스레 수동적인 위치에 놓이게 되었고, 남의 말을 잘 들어 '착하다'는 평가는 여성이 갖추어야 할 미덕이 되었지요. 앞으로 나서는 여성보다는 얌전하고 착한 여성이 더 좋은 평가를 받았던 거예요.

다시 사랑 이야기로 돌아가 볼게요. '착한 아이'라는 자아상을 갖고 있는 여성, 그러니까 어렸을 때부터 착하다는 말을 듣기 위해 노력했던 여성은 자신의 착한 마음을 어떻게 표현하려고 할까요?

먼저 누가 봐도 착한 남자와 어울리는 경우를 따져 봅시다. 착한 두 사람이 만나니, 서로 행복합니다. 하지만 그런 남자 옆에서는 자신의 착한 심성이 잘 드러나지 않아요. 그럼 착하다는 평가는 받을 수 없게 됩니다. 그래서 착하지 않은 남자, 즉 나쁜 남자를 더 가까이하는 경우가 있습니다. 여기서의 나쁜 남자는 단순히 자기를 바라보지 않는 사람이 아니라, 도덕적인 기준으로 나쁜 사람을 말하기도 합니다.

주위 사람들은 나쁜 남자를 만나는 여자를 이해하지 못할 겁니다. 그리고 얼른 헤어지라고 조언하겠지요. 그런데 여자의 반응이 이렇습니다.

"그 애는 나쁜 아이가 아니라, 불쌍한 아이야. 과거의 상처가 그 아이를 그렇게 만들었어. 내가 더 잘하면 변할 거야."

"너 정말 큰일이다. 왜 이렇게 착하니."

그런데 이런 반응은 여자가 나쁜 남자를 떠나지 못하게 만듭니다. 착한 아이임을 주위 사람이 직접 인정해 준 꼴이니까요. 혹여나 누군가 "너는 착한 아이 콤플렉스 때문에 나쁜 남자를 만나는 거야." 하고 직언해도, 인정하지 않을 가능성이 높습니다. 자신은 그저 불행한 사람을 사랑으로 돌보고 싶었다고 주장할 테지요. 불행한 사람을 돕는 행위는 도덕적으로 올바르니, 자기는 정말 착한 사람이 되는 거예요. 하지만 우리는 이게 다 착한 아이 콤플렉스 때문이라는 사실을 알고 있지요.

그러면 어떻게 해야 할까요? 만약 주변에 착한 아이 콤플렉스에 빠진 사람이 있다면, '착하다'라는 말을 해 줘서는 안 돼요. 대신에 '너는 행복해야 하는 사람'이라는 말을 더 많이 해 줘야 해요. 스스로도 상대방을 위해 착해야 하는 사람이라는 이미지에서 벗어나야 합니다. 나 자신을 중심에 두고 생각하는 습관을 길러야 해요.

° 나쁜 여자에게 빠지는 이유는 무엇일까?

지금까지 착한 여자 콤플렉스에 대해 살펴보고, 그 이면에는 착한 아이 콤플렉스가 숨어 있음을 알아보았습니다. 그럼 남자는 왜 나쁜 여자에게 빠질까요? 나쁜 여자에게 빠지는 남자의 심리 안에도 착한 아이 콤플렉스가 숨어 있을 수 있습니다. 그런데 마음속 콤플렉스와는 별개로, 으레 남자들은 예쁘기만 하면 나쁜 여자라도 좋아한다는 말을 들어 봤을 거예요. 드라마에서도 그렇게 매력적이지만 심성은 나쁜 여자에게 빠지는 남자들이 나오고요. 실제로도 그럴까요?

남자들은 매력적인 여자를 좋아합니다. 물론 여자도 매력적인 남자를 좋아하지만 관점은 조금 달라요. 보통 외모, 성격 등의 요인을 두루 보고 종합 점수를 매기는 경우가 많지요. 그러나 제일 먼저 외모와 몸매를 중점적으로 살피는 대부분의 남자에게 성격은 그다음 문제예요. 많은 남자들이 여자를 만날 때 무엇보다도 외모를 우선으로 보는 경우가 많아요. 물론 이것이 절대적이라는 말은 아니에요. 그런 경향이 많다는 말이지요. 저는 이런 경향을 두고 옳다, 그르다 평가하고 싶지는 않아요. 진화심리학의 관점에서 살펴보면 그렇다는 말이지요.

원시시대 남성의 기본적인 욕구는 무엇이었을까요? 동물들이 그렇듯이 짝짓기였을 거예요. 동물은 자식을 낳기 위해 짝짓기를 합니다. 이때 본능적으로 더욱 건강한 유전자를 가진 상대를 고르려고 하지요. 건강함을 뽐내기 위해 수컷들은 춤을 추거나 다른 수컷과 싸워서 이기려 합니다. 암컷은 경쟁에서 이긴 수컷이 우수한 유전자를 갖고 있다고 판단해요. 그렇다면 수컷 입장에서는 어떨까요? 인간의 경우, 남성은 무엇을 보고 여성이 우수한 유전자를 갖고 있을 것이라 생각할까요? 바로 여성의 신체적 아름다움입니다.

- 도톰한 입술
- 깨끗한 피부
- 부드러운 살결
- 맑은 눈
- 윤기 흐르는 머리카락
- 탄력 있는 근육
- 생기 넘치는 얼굴 표정
- 충만한 에너지
- 엉덩이와 허리, 가슴의 황금 비율

시간이 흐르고 아름다움의 기준에는 변화가 생겼지만, 남성들이 아름다운 여성을 선호하는 경향은 크게 달라지지 않았습니다. 왜냐하면 현대인이 갖고 있는 뇌는 오랜 시간 진화를 통해서 만들어진 것이거든요. 원시인의 뇌 구조와 크게 달라지지 않았지요. 이런 이유로, 진화심리학은 복잡한 현상도 원시시대의 행동 패턴에 빗대어 이해하려고 합니다. 복잡한 연애 패턴을 연구할 때도 마찬가지예요.

정리해 볼게요. 일부 사람들은 후천적인 요소인 사회적 영향으로 착한 여자 콤플렉스에 걸려 나쁜 이성에게 빠질 수 있어요. 그리고 대부분의 남성은 선천적인 요소인 진화적 영향으로 뛰어난 외모를 가진 여성에게 매력을 느껴 사랑에 빠질 수 있고요. 물론 여성의 뇌도 원시시대와 별반 다르지 않기에 남성의 외모와 몸매에 영향을 받아요. 다만 남성이 훨씬 더 유전자의 영향을 많이 받지요. 진화심리학에 따르면, 남성은 자기 자손을 가급적 많이 퍼뜨리고 싶어 하는 유전자를 갖고 있으니까요. 이 역시 원시인이 남긴 유산입니다. 어때요? 이제 겉으로 드러난 남녀의 연애 패턴이 다른 이유를 이해했나요?

하지만 꼭 알아 두어야 할 것이 있어요. 모든 것이 전적으로 진화의 원리로 결정되지는 않는다는 사실이에요. 스스로 여성의 신체적인 매력에 좌지우지되며 나쁜 여자를 만난다고 생각하는 남자라면, 여성의 내적 매력을 바라보도록 노력해야 합니다. 신체적 매력은 내적 매력에 비해 일시적입니다. 그때도 변함없이 사랑하며 살기 위해서는 자손을 퍼뜨리기 위한 짝짓기 이상의 노력이 필요합니다. 그것이 바로 이 책에서 말하는 여러 사랑의 조건과 준비들이랍니다.

뼈 때리는 심리학 포인트

착해서 나쁜 이성에게 빠지는 게 아니다.
'착한 아이 콤플렉스' 때문에 나쁜 이성에게 빠지는 것이다.
내 콤플렉스를 해결하고 좋은 사람을 만나야지,
나쁜 사람 옆에서 빛나려 하지 말자!

② 예비 데이트 폭력범 구별법

데이트 폭력범, 미리 알아내는 방법 있나요?

데이트 폭력이 큰 사회문제라고 하는데,

그런 사람 만날까 봐 무서워요.

데이트 폭력범을 미리 알아낼 수 있는 좋은 방법 없나요?

밥을 먹으면서 둘째 딸과 함께 TV 뉴스를 보고 있었습니다. 마침 심각한 사건이 보도되고 있었어요. 영상 속 주인공인 여성은 모자이크 처리되어 있었지요.

"처음에는 정말 잘해 줬어요. 그러다 갑자기 저에게 폭력을 썼어요. 그러고 나서 싹싹 빌어요. 더 잘해 줘요. 시간이 지나면 또 폭력을 쓰고, 더 잘해 주고. 비슷한 일이 반복됐지요. 점점 폭력 수위가 높아졌고요."

여성은 감정이 복받쳐 울음을 터뜨렸어요.

"처음부터 그러지는 않았어요…. 평소에는 참 좋은 사람인데…."

그 여성은 남자 친구의 폭력에 상해를 입고 병원에 입원해 있었습니다. 기자는 데이트 폭력이 얼마나 심각한 사회문제인지 짚었습니다. 또한 데이트 폭력은 남녀를 가리지 않는다고 강조하며 보도를 마무리했지요.

딸은 충격에서 쉽게 빠져나오지 못했어요.

"너무 무서워. 누구나 연애하다가 끔찍한 일을 당할 수 있는 거잖아. 아빠, 어떻게 하면 데이트 폭력을 피할 수 있을까?"

"애초에 폭력을 쓰는 사람을 만나지 말아야지."

딸은 답답한 모양이었습니다.

"그걸 어떻게 알아? 아까 인터뷰에서도 처음에는 잘해 줬다고 하잖아. 휴, 혹시 나중에 폭력 쓸 예정이냐고 물어봐?"

"그렇게 물어보면 진심을 말하지 않겠지. 자기가 폭력을 휘두를 줄 몰랐다고 말하는 데이트 폭력범도 있어."

"와, 더 소름 끼쳐."

"폭력을 저지를지도 모르는 사람을 미리 알아내는 방법이 있기는 해."

제 말에 딸은 안도하는 표정이었습니다.

○‥‥‥‥‥‥‥‥‥‥‥‥‥‥‥‥‥‥‥‥‥‥‥‥‥‥‥‥‥‥‥‥‥‥‥►

° 다른 사람에게 잘하면 나에게도 잘할 것이다?

유튜브에서 흥미로운 영상을 본 적이 있습니다. 심리학 책을 많이 읽었다는 한 유튜버는 '다른 사람에게 어떻게 하는지 자세히 들여다보면, 그 사람이 나에게 어떻게 할 것인지 알 수 있다'고 했지요. 유튜버는 다른 사람을 함부로 대하면 자신에게도 함부로 대할 확률이 높으니 피하라고 말했습니다. 예를 들어 식당 종업원을 하대하는 사람과는 연애하지 말라는 식이지요. 그럴듯한가요? 완전 틀린 말은 아니에요. 하지만 다른 사람에게 잘한다고 해서 나에게 반드시 잘할 것이라는 보장은 없습니다. 밖에서는 세상 좋은 사람인데 집에서는 폭력을 휘두르는 가정 폭력범도 있습니다. 그럼 대체 어떤 사람을 만나야 하냐고요?

이 질문에 대한 답을 하려면 '데이트 폭력'에 붙어 있는 '폭력'이라는 단어에 주목해야 합니다. 데이트 폭력은 데이트가 아니라 엄연한 폭력이에요. 당연히 폭력이라는 말에 방점이 찍혀야 마땅하지요. 그럼 왜 그들은 폭력을 휘두를까요? 손쉽게 자기가 원하는 것을 얻기 위해서입니다. 상대를 설득하는 과정 없이 간단히 힘으로 억압하면 되니까요. 폭력을 쓰는 사람은 사랑과 복종 중 무엇을 더 원할까요? 어떤 사람(데이트 폭력범)은 사랑이라고 합니다. 상대방이 진심을 몰라줘서 서운한 마음에 잘못된 표현을 했을 뿐, 자기 마음은 한 치의 거짓도 없이 진심이었다고 말해요. 너무 사랑해서 집착하게 되었고, 그러다 보니 폭력을 쓰게 되었다는 사람도 있어요. 물론 모두 사랑이 아니라, 분명한 폭력입니다.

사랑은 존중에서 비롯됩니다. 상대방을 존중하지 않는 폭력범은 어찌 보면 독재자에 가깝지요. 독재자는 국민의 사랑보다는 복종을 더 바랍니다. 그래서 국민을 복종시키기 위해 함부로 잡아다 고문하고 처벌하지요. 역설적으로 독재자는 사랑을 자주 이야기해요. 나라·국민·역사 등에 대한 사랑을 끊임없이 강조하지요. 그러나 실상은 그것들을 사랑하라며 국민을 억압합니다. 진정 국민을 사랑한다면 국민의 선택을 존중해야 하는데, 자꾸 강요하고 억압해요. 존중하는 마음으로는 차마 할 수 없는 행동들을 하지요.

데이트 폭력을 저지르는 사람의 심리도 독재자와 비슷합니다. 독재자나 데이트 폭력범 모두 상대를 자기 소유물로 보고 제멋대로 휘두르려고 해요. 그럴듯한 이유를 갖다 대며 아무렇지도 않게 폭력을 행사하지요.

"너를 너무 사랑해서 그래."

"네가 나를 떠날까 봐 두려워서 그래. 다른 사람들도 너를 좋아할 게 분명한데."

"네가 나에게 연락을 자주 하지 않아서, 의심이 돼서 그랬어. 네가 워낙 매력적이니까."

말은 좋지만, 글쎄요. 하나같이 상대를 믿거나 존중하지 않고, 자기 멋대로 판단하고 있지요. 또 하나 조심해야 할 게 있어요. 다른 사람을 존중한다고 해서 자신도 존중할 것이라고 생각하면 안 됩니다. 독재자도 다른 국가의 대통령 앞에서는 깍듯이 존중하는 모습을 보이지만, 자기 국민에게는 잔혹하니까요. 다른 사람의 집을 깨끗이 치워 주는 사람의 집이 의외로 더러운 경우도 많아요. 데이트 폭력범들 중에서는 평소 싸움을 즐기지 않는 경우도 많습니다. 세상 좋은 사람인 줄 알았는데, 알고 보니 데이트 폭력을 저지른 경우도 많았지요. 그러니 다른 사람에게 하는 행동만으로 판단해서는 안 돼요.

그러면 어떻게 하냐고요? 상대가 다른 사람에게 하는 행동보다는, 여러분 자신에게 하는 행동을 잘 살펴보세요. 사소한 것부터 여러분을 존중하는지를 봐야 합니다.

° 여섯 가지 예비 데이트 폭력범 구별법

소개팅한 날 바로 폭력을 쓰는 사람은 많지 않아요. 예비 데이트 폭력범들은 상대를 간 보고 자기의 폭력성을 드러냅니다. 지금부터는 데이트 폭력을 저지를 가능성이 높은 사람의 유형을 알아볼 거예요. 상대를 만난 지 얼마 되지 않았다면 꼼꼼히 읽어 보세요. 행복한 사랑을 하기 위해서는 반드시 상대가 어떤 사람인지 주의 깊게 살펴봐야 하지요. 자, 이제 본격적으로 알아볼까요?

1. 상대를 지배하려는 말이나 행동을 한다.

폭력적인 사람은 대부분 상대를 지배하려는 말이나 행동을 합니다. 처음에는 아주 겸손한 척하지만 결국에는 지배욕을 숨기지 못해요. 사소한 음식 메뉴를 정할 때도 그렇습니다.

"아, 그 메뉴보다는 제가 추천하는 이 메뉴를 꼭 드셔 보셔야 해요. 그럼 생각이 달라질 거예요."

어떤 상황에서든 매번 이런 식으로 말하는 사람은 의심해 보아야 합니다. 뭐가 문제냐고요? 상대방을 존중하는 사람이라면 메뉴를 추천할 때 이런 식으로 말할 겁니다.

"이번에는 추천하신 메뉴를 먹어 볼까요? 다음엔 제가 좋아하는 메뉴도 한번 먹어 봐요. 또 어떤 음식을 좋아하세요? ○○씨가 어떤 음식을 좋아하는지 궁금하네요."

대화하는 방식을 보면 상대방의 의견을 존중하는지 알 수 있습니다. 다른 사안에 있어서도 앞서 이야기한 사람처럼 행동하면 문제입니다. 스킨십을 부담스러워하는 친구에게 '일단 내가 하자는 대로 해 봐. 너도 좋을 거야.'라고 말하면 어떨까요? 정도의 차이는 있지만 상대의 생각을 인정하지 않고 강압적으로 행동한다는 점은 같아요. 시간이 지나면서 지배적인 성향은 점차 강화될 가능성이 높지요.

2. 취향을 바꾸라고 간섭한다.

자꾸 여러분의 취향을 자기 식대로 바꾸기를 바란다면 조심해야 해요. 취미를 바꾸고, 진로를 바꾸고, 친구를 바꾸라고 말하는 사람 말이에요. 그들은 마치 대단한 지혜를 나눠 주는 듯이 이야기하지만, 그렇지 않습니다. 자신이 더 잘 알고 있는 범위 안으로 상대를 유인하고 다른 영향을 줄 수 있는 변수를 줄이려는 전략일 뿐이에요.

3. 상대에 대해 부정적으로 이야기한다.

폭력을 쓰는 가해자는 상대에 대해 부정적인 말을 자주 합니다. 이는 폭력을 저지르는 자신의 행동을 합리화하기 위해서예요. 상대방이 존중받을 만한 가치가 없음을 확인해야 자신의 행동에 정당성이 생긴다고 여기는 것이지요. 즉 '폭력을 휘두를 만해서 휘둘렀다'는 말을 하고 싶은 건데요. 그래서 이들은 틈틈이 상대를 부정적으로 평가하는 말을 던집니다.

"경복궁 옆 서촌 골목을 돌아다니셨군요. 낯선 곳에 관심을 가지시다니 참 좋네요."

이건 관심 맞아요. 그런데 이렇게 말하는 사람은 어떤가요?

"경복궁 옆 서촌 골목을 돌아다니셨다고요? 요즘같이 무서운 세상에 조심해야 하는데요."

골목을 다닌 호기심과 용기는 과소평가하고, 굳이 부정적인 면을 꺼내서 강조하고 있지요. 한두 번이 아니라 매번 이런 식으로 꼬투리를 잡는 사람이라면 주의할 필요가 있습니다. 굳이 상대의 부정적인 면을 들추며 '나는 이런 잘못된 점을 바로 잡아 주려는 사람'이라고 합리화하는 것이지요. 데이트 폭력의 가해자는 독재자와 같아서 복종을 좋아합니다. 싹이 보이면, 이런 사람에게는 애초부터 긍정의 메시지를 주면 안 돼요. 처음부터 싸우거나 아예 피해야 합니다.

4. 질문을 많이 퍼붓고, 빨리 대답하지 않으면 화를 낸다.

질문을 많이 하는 것도 지배욕에서 비롯되었을 수 있어요. 상대를 통제하고 싶은 지배욕은 상대에 대해 빈틈없이 다 알아야겠다는 의지를 불러일으키거든요. 물론 누군가를 사랑하게 되면 그 사람의 하나하나가 궁금해지기도 합니다. 그러나 사랑하는 사람에 대해 천천히 알아 가는 일반적인 사람들과 폭력적인 사람의 행동에는 차이가 있습니다. 폭력적이고 지배적인 성향의 사람은 강박적으로 여러 번 질문을 던지고, 원하는 답을 얻지 못하면 계속해서 메시지를 보내거나 전화를 하지요. 심지어 상대에 대해 더 잘 알고 싶다며 휴대폰을 몰래 훔쳐보거나, SNS를 뒤지고 메일을 몰래 보는 사람들도 있습니다. 이것은 관심이 아닙니다. 상대를 통제하기 위해 사전 작업을 하는 것뿐이지요.

이런 성향의 사람들에게 답을 제대로 하지 않거나, 자세히 말해 주지 않으면 쉽게 화를 냅니다. 여러분이 새롭게 만나는 사람이 너무 질문이 많다 싶으면 한번 일부러 뜸을 들여 보세요. 그리고 귀엽게 조르는지, 뭔가 말하지 못하는 사정이 있을 것이라 생각하고 다음 질문으로 넘어가는지, 아니면 화를 내는지 살펴보세요.

5. 질투심이 많다.

앞에서 이야기했듯 폭력적인 사람은 다른 사람을 통제하고 싶어 합니다. 이들은 자신이 관심을 가진 대상이 또 다른 사람에게 관심을 가지며 소통하는 것을 보지 못합니다. 자신의 통제 범위를 벗어난다고 여겨서 매우 불쾌해하지요. 그 불쾌한 감정은 질투심으로 폭발합니다. 말은 이렇게 합니다.

"내가 너를 너무 사랑해서 그래."

여기 숨겨진 뜻을 말하자면 다음과 같습니다. '너를 너무 지배하고 싶어서 그래.' 여러분이 만난 바로 그 사람이 자꾸 질투를 한다면 깊게 고민해 봐야 합니다. 여러분이 가족이나 친구를 만나는 것조차 달가워하지 않고 기분 나빠 한다면 이것은 문제입니다. 자기가 다른 사람에게 소유물을 빼앗기는 기분이 들어서 불쾌해했을 가능성이 있지요.

6. 감정 기복이 심하다.

소유욕과 질투심이 크고, 남을 통제하려는 사람은 안정적인 심리 상태를 갖고 있을까요? 아니면 감정 기복이 심할까요? 답을 쉽게 맞혔으리라 생각합니다. 여러분 생각대로 폭력적인 사람은 감정 관리를 제대로 하지 못합니다. 극단적으로 화냈다가 금세 사과하곤 하지요.

이런 사람은 자기가 한 질문에 바로 대답하지 않으면 불같이 화를 냅니다. 자신의 마음을 잘 다스리지 못하거든요. 이럴 때 상대방이 무조건 사과를 한다고 해도 받아 주지 마세요. 불같이 화를 내는 일이 반복된다면 그 사람을 멀리하거나, 전문가를 찾아 상담을 받게 한 다음에 만나자고 해야 합니다.

지금까지 데이트 폭력범을 미리 알아내는 방법을 살펴보았어요. 행복한 사랑을 하려면 이런 특성을 가진 사람을 멀리해야 해요. 그리고 또 해야 할 일이 있어요. 스스로도 이런 특성을 가진 데이트 폭력 가해자가 되지 않으려고 노력해야 한다는 점입니다. 나부터 상대를 존중하는 마음을 가져야, 진정한 사랑을 할 수 있습니다.

뼈 때리는 심리학 포인트

상대를 지배하려는 사람, 내 취향을 바꾸려고 간섭하는
사람, 질문을 퍼붓는 사람, 질투심이 심한 사람, 부정적으로
말하는 사람, 감정 기복이 심한 사람은 주의하자.
그리고 나 스스로도 그런 사람이 되지 않도록
조심 또 조심하자.

③ 전문가 이론·보상 심리

아빠 같은 사람을 만날까 봐 걱정이에요.

엄마는 엄마의 아빠,

그러니까 외할아버지 같은 사람을 피하고 싶었는데,

외할아버지를 똑 닮은 아빠를 만났대요.

아, 저도 아빠 같은 사람을 만나면 어떡하죠?

제가 운영하는 심리 카페로 한 여학생이 찾아왔습니다. 중학교 2학년이라는 이 학생의 이름은 은서였어요. (참고로 이 책에 나오는 내담자들의 이름은 모두 가명이에요.) 은서는 지난번 학교 강연에 갔을 때 저를 알게 되었는데, 용기를 내서 상담을 받으려고 혼자 찾아왔다고 했어요.

"저에게 호감을 보이는 학원 친구가 있는데 아직 사귀는 건 아니고, '삼귀는' 정도예요. 사귈지 말지 고민이 돼서 엄마한테 연애 상담을 했어요. 그러다가 엄마와 아빠 이야기를 듣게 됐어요."

은서는 한숨을 쉰 다음에 이야기를 이어 갔습니다.

"엄마는 외할아버지 같은 사람을 만나기 싫었대요. 그런데 아빠는 외할아버지와 닮은 면이 많아요. 성격 급하고, 독단적이고, 배려도 없으시고요. 결국 비슷한 사람을 만난 거예요."

"그렇군요."

"처음에 엄마는 아빠가 외할아버지와 다른 사람인 줄 알았대요. 그래서 연애를 시작하고 결혼까지 했다는 말에 머리가 복잡해졌어요. 저는 아빠 같은 사람을 만나기 싫거든요."

"아, 그렇군요."

"엄마는 무조건 신중하게 생각하래요. 연애는 늦게 할수록 좋대요. 사람의 마음을 꿰뚫어 볼 수 있을 때나 연애를 해야지, 그 전에 덤비면 후회할 선택을 하게 된대요."

은서는 한숨을 쉬더니 다시 이야기했습니다.

"엄마 말 듣고 다시 그 애를 떠올려 봤는데요. 아빠보다는 나은 면이 있어요. 고집이 세기는 한데 결국에는 저한테 맞춰

주긴 하거든요. 그래도 걱정이에요. 저도 엄마와 같은 선택을 할까 봐, 결국 아빠 같은 사람을 만나고 후회하게 될까 봐요. 저 어떻게 해야 할까요?"

은서는 폭풍처럼 질문을 쏟아 냈습니다.

○ ···➤

° 왜 아빠 같은 사람에게 빠질까

엄마, 아빠와 사이가 좋은 아들딸이라면 이상형으로 '엄마 같은 여자'나 '아빠 같은 남자'를 꼽겠지요. 부모님의 긍정적인 부분을 기준으로 삼아 이상형을 정해서 말이지요. 하지만 반대의 경우에는 부모님 같은 사람을 피하고 싶을 거예요. 은서와 은서 어머니가 그런 케이스라고 할 수 있습니다. 그런데 왜 은서 어머니는 자기 아버지를 닮은 남자와 결혼하고 만 걸까요? 실제로 은서 어머니처럼 자신이 미워하는 유형의 사람과 비슷한 짝을 찾는 경우가 많아요. 그 이유는 바로 심리학자 허버트 사이먼^{Herbert Simon}의 한 실험을 통해 유추할 수 있습니다.

사이먼은 체스 게임으로 전문가와 초보자의 특성을 구별하는 실험을 했어요. 먼저 체스 판에 있는 말들을 무작위로 배열

한 뒤 말의 위치를 기억하라고 했지요. 이때는 전문가와 초보자 둘 다 말의 위치를 잘 기억하지 못했습니다. 그다음에는 특정 전략 패턴을 따르는 일반적인 체스 판을 가지고 똑같은 실험을 했어요. 이번에도 초보자는 우왕좌왕했지만 전문가는 달랐습니다. 말의 위치를 정확히 기억해 냈지요. 초보자가 보기에는 어느 체스 판이든 무질서하고 복잡해 보였을 겁니다. 이에 비해 전문가는 지식과 경험을 바탕으로 말의 위치를 기억했고요. 이렇듯 전문가는 일반인과 달리 규칙을 찾아내고 미세한 차이도 잡아낼 수 있는 사람이에요. 요리 전문가라면 "달달하네."라는 평가 대신 "기본 레시피에서 설탕을 세 스푼 정도는 더 넣었네."라고 말할 수 있어야겠지요. 성악 전문가라면 "고음 잘 올라가네."라는 말보다는 "3옥타브 반까지는 올라가네."라고 이야기할 수 있어야 하고요.

갑자기 웬 전문가 이야기냐고요? 여기서 왜 은서 어머니가 자신의 아버지와 비슷한 사람을 만났는지 단서를 찾을 수 있거든요. 은서 어머니는 적어도 자신의 아버지를 파악하는 데에 있어서는 전문가 수준에 이르렀습니다. 아버지 같은 사람을 만나기 싫다는 기준을 세웠을 정도면, 아버지의 장점과 단점을 꿰뚫고 있다는 말이거든요. 그래서 아버지와 비슷한 특성을 가진 사람에게 더욱 민감하게 반응합니다. 아버지와 무엇이 같고 무엇이 다른지 파악하기 시작하지요. 그러다 아버지보다 조금 더 나은 사람을 만났다는 판단이 서면 그 사람을 선택해 버립니다. '이 사람도 우리 아버지처럼 고집이 센데, 적어도 내 생각을 먼저 물어보기는 해. 고집이 센 건 내가 바꿔 주면 되지 뭐.' 이런 식으로요. 그런데 그렇게 고른 상대는 점차 아버지처럼 독단적인 사람이 될 가능성이 높습니다. 아버지도 과거에는 덜 독단적이었을 수 있습니다. 아버지도 아버지처럼 되는 데 시간이 걸렸다는 점을 간과하면 안 되지요.

여기서 의문이 하나 더 생깁니다. 왜 굳이 '비슷한 사람 중에서 더 나은 사람'을 고르냐는 것이지요. 아예 다른 사람을 만나면 될 텐데요. 하지만 자신이 경험해 보지 못한 유형의 사람을 만나면 선택하기가 더욱 부담스럽습니다. 불확실성이 더 커지거든요. 그러니 만남 자체를 꺼리게 됩니다. 결국 자신이 잘 아는 익숙한 유형이 판단하기 쉽기 때문에 연애와 결혼 상대로 선택하기 쉬운 것입니다. 이건 그냥 친구를 사귈 때도 마찬가지입니다. 보통 내가 잘 아는 익숙한 유형의 친구를 사귀게 되지요.

° 자기 자신에 대한 보상 심리가 더 위험하다

또 다른 심리적 원인도 있습니다. 바로 과거의 상처에 대한 '보상 심리'입니다. 보상 심리라는 말은 여러분도 많이 들어 봤을 거예요. 일반적으로는 내 상처를 보상받으려고 다른 대상에게 무언가를 강요하는 경우를 말합니다. 예를 들어, 내가 공부를 잘하지 못해서 받았던 상처를 보상받기 위해 내 자식에게 공부를 잘하라고 강요하는 상황 말이지요. 대부분의 사람들은 이런 보상 심리를 경계해야 한다고 생각합니다.

그런데 자기 자신에 대한 보상 심리는 잘 알지 못하는 경우가 많아요. 이때의 보상 심리란 자기 자신의 상처를 보상받기 위해 스스로 과거에 얽매인 선택을 하는 것을 말해요. 예를 들어, 알코올중독인 부모 아래에서 자라난 아이가 성인이 되었을 때를 떠올려 보세요. 알코올중독은 바람직하지 못하다 여기고 술과는 거리가 먼 사람을 만난다면 아주 좋겠지요. 그런데 보상 심리가 작동하게 되면 오히려 술에 빠진 사람을 사랑하게 될 수도 있습니다. 어렸을 때 자신이 알코올중독자 부모와 잘 지내지 못했던 심리적 상처에 집중하여, 그때의 상처를 지금의 연인에게 보상받으려고 하는 겁니다. '내가 선택한 사람이니까 내가 충분히 바꿀 수 있어.'라고 기대하면서요.

아버지 같은 남자가 싫지만 아버지 같은 남자에게 끌렸던 은서 어머니의 심리도 일종의 보상 심리에서 비롯되었다고 볼 수 있습니다. 마음속으로는 아버지와 비슷한 사람도 나에게 맞게 바꿀 수 있다고 자신했던 것이지요.

° 나에게 맞는 연애 상대를 찾는 방법

아빠 같은 사람을 만나고 싶지 않다는 은서의 마음을 이해할 수 있을 것 같습니다. 굳이 나에게 치명적인 단점을 가진 상대를 만나서 힘든 사랑을 할 필요는 없지요. 그럼 어떻게 해야 나에게 딱 맞는 사람을 찾을 수 있을까요? 지금부터 그 방법을 살짝 귀띔할 테니, 꼭 참고해 보세요.

1. 심리적으로 독립해야 합니다.

청소년기는 자아 정체성이 확립되는 시기로서, 이즈음 '나는 누구인가'에 대한 고민을 많이 하게 됩니다. 이때 자신을 '○○의 아들'이나 '△△의 딸'로만 제한하지 말고, 자아 정체성에 대한 고민을 깊이 해 보세요. 내가 앞으로 어떤 인생을 살아야 할지도 생각해 보고요. 부모님이 그들의 선택으로 삶을 살아왔듯, 여러분도 여러분의 선택으로 인생을 만들어 나갈 수 있습니다. 이 사실을 알아야 부모님으로부터 심리적 독립을 할 수 있어요.

심리적인 독립을 한다고 해서 당장 부모님께 경제적인 지원을 받지 말라는 말은 아니에요. 부모님과 선을 긋고 멀어질 필요도 없습니다. 우리는 부모님의 영향을 받을 수밖에 없어요. 다만, 부정적인 영향은 그대로 흡수하지 않도록 해야지요. 또한 부모님의 선택을 그대로 따를 이유가 전혀 없는 '독립된 개체'라는 사실을 알아야 해요. 여러분이라는 한 그루의 나무는 계속 성장하는 중입니다. 어떻게 가지를 뻗어 나갈지 우리 스스로 선택해야 한다는 사실을 잊지 말자고요.

2. 부모님의 긍정적인 면을 찾아야 합니다.

도무지 부모님에게서 긍정적인 부분을 찾지 못하겠는데, 왜 그래야 하냐고요? 이건 부모님을 위해서가 아니라 나 자신을 위해서 필요한 일이에요. 부모님의 긍정적인 면이 나에게도 긍정적인 영향을 끼쳤으리라 믿으면, 내 안에 긍정적인 자아상이 생깁니다. 그러면 부모님과의 관계도 훨씬 좋아지고, 부모님으로부터 받았던 상처도 조금씩 회복되지요. 사실 부모님 안에도 상처를 받은 어린아이가 숨어 있어요. 여러분이 그 상처를 보듬어 줄 수 있지요. 부모님과 함께 '어머니 학교'나 '아버지 학교' 같은 프로그램을 들어 보자고 권해도 좋아요.

물론 부모님이 여러분에게 손을 내밀었다면 더욱 좋았겠지요. 하지만 여러분이 먼저 부모님의 상처를 알아봐 주면 효과는 배가 됩니다. 부모님은 자기의 상처를 바로 보게 될 뿐만 아니라 여러분의 상처까지도 알아차리게 되지요. 상처를 받은 여러분이 먼저 노력해야 하는 게 억울하게 느껴질 때는, 이건 다름 아닌 여러분 자신을 위한 일이라는 사실을 기억했으면 합니다. 우리는 태어나서 제일 먼저 부모님과 소통하며 인간관계를 맺잖아요. 이렇듯 밀접한 인간관계를 맺은 부모님에게서 긍정적인 자아상을 찾는 작업은 매우 중요합니다. 부정의 전문가가 아니라, 긍정의 전문가가 되어 보자는 거예요.

3. 만나고 싶은 이성의 구체적인 조건을 미리 정해 놓아야 합니다.

일단 연애를 시작하면 내 마음을 뜻대로 다스리기 힘듭니다. 그렇기 때문에 미리 누구를 사랑하고 싶은지에 대해서 생각을 깊이 해 보아야 해요. 내가 어떤 사람을 만났을 때 행복한 사랑을 할 수 있을지 고민해 보자고요. 아까 긍정의 전문가가

되어 보자고 했지요? 긍정적인 방식으로 한번 구체적인 조건을
적어 봅시다.

- 적어도 욕을 하지는 않는 사람
- 적어도 메뉴를 일방적으로 결정하지는 않는 사람
- 적어도 학교 수업을 빠지지는 않는 사람

이런 조건은 어떤가요? '적어도'라는 소극적인 표현이 왠지
부정적으로 느껴집니다. 그럼 다음과 같이 조건을 자신 있게 걸
어 보는 건 어떨까요?

- 고운 말을 쓰는, 예의 바른 사람
- 나를 배려하는 사람
- 학교 수업에 열심히 참여하는 사람

일단 이렇게 조건을 적고 중요도에 따라 배치해 보세요. 그
러면 절대 양보하지 못할 다섯 가지 정도의 조건이 나올 거예
요. 지키면 좋고 아니면 말고의 조건이 아니라, 꼭 지켜야 하는
조건 말이에요. 그 다섯 가지 조건에 부합하지 않는다면 굳이

그 사람을 만날 필요가 없어요. 감정적으로 흔들리더라도 결국에는 후회하는 삶을 살게 될 확률이 높으니까요.

사람마다 양보할 수 없는 조건은 다르기 때문에, 여기에 정해진 답은 없습니다. 중요한 것은 나만의 조건을 찾는 일이에요. 사랑은 가슴뿐만 아니라 머리로도 해야 해요. 온 마음으로 사랑한다고 할 때에는 마음의 요소인 이성과 감성을 모두 포함하는 것 아니셨어요?

뼈 때리는 심리학 포인트

사람들은 내가 잘 아는 상대에게 끌리는 경향이 있다.
내가 싫어하는 유형의 사람에게 끌리는 이유는, 내가
그 유형의 사람에 대해 너무나 잘 알고 있기 때문이다.
그러다 보니 조금만 나은 점이 보여도 선택해 버린다.
그러니 평소에 내가 어떤 사람을 만나고 싶은지
최소한의 기준을 세워야 한다.
가슴이 시키는 대로 연애하다가는… 큰일 난다!

저, 사랑이 처음인데요........♥

자존감이 낮으면 연애를 못 하나요?

제가 봐도 저는 예쁘지 않아요.

그래서 연애를 못 하나 생각했는데, 친구가 그러더라고요.

네 자존감이 낮은 게 더 문제라고요.

자존감이 뭔가요? 어떻게 자존감을 높일 수 있을까요?

한 여자 고등학교에 강연을 갔을 때의 일입니다. 질의응답 시간에 누군가 질문을 던졌지요.

"저는 이성 앞에서 자신이 없어요. 화장을 해도 예쁘지 않거든요. 몸매도 그렇고…."

학생은 말꼬리를 흐렸습니다. 으레 말하듯 '대학 가면 저절로 예뻐져요.' 하며 얼버무려서는 안 될 것 같은 분위기였습니다. 제가 보기에 그 학생은 적어도 미운 외모를 갖고 있지는 않았습니다. 하지만 이런 이야기 자체가 외모에 대한 평가로 느껴질 수 있어서 고민하고 있는데, 학생이 말을 이었습니다.

"다른 애들 보면 참 멋지게 잘 사귀는데 전 그렇지 않아요. 앞으로도 그럴 것 같고요."

"아, 친구들이 정말 다 멋지게 사귀나요? 제가 강연을 전국으로 다니는데, 이 학교에는 특별히 연애를 잘하는 친구들이 많은가 봐요?"

저는 분위기를 좀 띄우려고 장난기 있게 받아쳤습니다. 앞에 앉은 학생들은 곧바로 "아니요!"라며 합창하듯 대답했고요.

"적어도 제가 보기에는 그래요. 그런데 지난번에 친구에게 이런 고민을 털어놓았다가 충격적인 말을 들었어요."

"뭔가요?"

"예쁘고 안 예쁘고가 문제가 아니라 제 자존감이 낮은 게 문제래요. 정말 그럴까요? 그렇다면 더 문제 같아요. 자존감을 어떻게 높여야 하는지 도무지 모르겠거든요. 운 좋게 연애를 시작해도 제 낮은 자존감 때문에 쉽게 끝나 버릴까 봐 무서워요."

저는 일단 외모가 뛰어나지 않아도 당연히 연애를 잘할 수 있다고 이야기했습니다. 못생겼다고 손꼽히는 연예인들이 얼마나 연애를 잘하고 있는지 예를 들어 주었지요. 그러고 나서 본론으로 들어갔습니다.

"지금부터는 자존감과 연애에 대해서 이야기해 줄게요."

○┈┈┈┈┈┈┈┈┈┈┈┈┈┈┈┈┈┈┈┈┈┈┈┈➤

° 자존감, 대체 그게 뭔데?

자존감 높은 사람과 낮은 사람, 둘 중 어느 쪽이 바람직한지는 여러분도 알고 있을 거예요. 당연히 자존감이 높은 쪽이겠지요. 그런데 자존감이 대체 뭘까요? 자기 말과 행동에 대한 넘치는 자신감일까요? 아니면 자기를 세상의 중심으로 놓고 보는 자기애를 말하는 걸까요? 둘 다 자존감의 진짜 의미와는 약간 차이가 있습니다.

자존감은 자아 존중감(self-esteem)이라고도 합니다. 쉽게 말하면 자신을 존중하는 마음을 말하지요. 지금부터 저에게 상담받고 자존감을 높인 남학생 택연이의 이야기를 들려줄게요. 저는 내담자에게 자신의 상황을 객관적으로 정리하는 짧은 메모를 쓰게 하는데요. 메모를 2주일 동안 꾸준히 쓰면 자존감이 향상됩니다. 이를 '이야기 편집 기법'이라고 해요. 버지니아대학 심리학과의 티모시 윌슨 Timothy Wilson 교수가 이 기법을 고안해 냈습니다. 단기간에 효과를 볼 수 있는 꽤 좋은 기법이에요.

지금부터는 택연이의 쪽지를 살짝 공개할게요.

나는 17살 김택연이다. 외모가 별로라 이성에게 인기가 없다. 아, 공부도 별로다. 넉살이 좋아 친구들과는 그런대로 잘 지내는데, 고등학교에 오니 별 재미가 없다. 외모와 성적으로 대접받는 세상이 싫다. 난 미팅에 초대받지도 못한다. 공부도 잘하고 잘 노는 학생이고 싶지만 현실은 전혀 그렇지 않다.

요즘 들어 가슴이 답답하고 가끔 콕콕 뭔가로 찌르는 듯이 아프다. 친구에게 말했더니 혹시 담배를 피우냐고 농담을 했다. 화가 나서 소리를 빽 질렀다. 그러고 나서도 분이 풀리지 않아 계속 화냈다. 이런 일이 반복되었다. 보다 못한 친구가 진지하게 상담을 받아 보라고 권했다. 내가 머뭇거리자 학원도 미루고 함께 가 주겠다고 했다. 그래서 상담을 받으러 오긴 왔는데, 혹시 큰 병이면 어쩌나 싶어 불안하다.

아, 곧 중간고사인데 난 이렇게 상담을 받고 있네. 내 모습이 패배자 같다. 성적은 또 불 보듯 뻔하겠지….

여러분이 심리 상담사라고 생각하고, 메모를 통해 택연이의 심리를 분석해 보세요. 택연이는 왜 마음이 답답할까요? 이상과 현실의 차이가 너무 커서 그렇습니다. 내가 생각하는 '나였으면 하는 나'와 '진짜 내 모습'이 매우 다른 상황이지요. 택연이는 분명 스트레스를 많이 받고 있지만 그 이유를 정확히 알지 못하고 있었어요. 자신에게 뭔가 심리적인 문제가 있다는 사실을 인식하는 정도였지요. 고민하던 저는 택연이에게 한 가지 제안을 했습니다.

"택연아, 중간고사가 걱정이라고 했지? 한번 성적을 올려 보자. 갑자기 1등을 하자는 게 아니고, 하는 데까지 노력해 보겠다는 마음으로. 어때? 내가 시험 준비를 도울게."

"중간고사 시험공부요?"

처음에 택연이는 의아한 표정을 지었어요. 하지만 곰곰이 생각해 보더니 한번 해 보고 싶다고 말했습니다. 선생님이 도와준다면 해 볼 만한 것 같다는 말을 덧붙였어요. 자존감 상담하러 왔는데 웬 성적 이야기냐고요? 여기에는 다 이유가 있습니다. 저는 택연이와 함께 중간고사 대비를 시작했어요. 일단 세 과목에서 5점씩 올리기로 목표를 세우고, 수준에 맞는 참고서부터 선택하게 했어요. 너무 어려운 부분은 과감히 포기하고 할 수 있는 것을 하기로 전략을 짰지요. 결과는 성공적이었어요. 택연이는 시험에서 세 과목이 아니라 무려 다섯 과목에서 5점 이상씩 올렸습니다. 택연이와 저는 정말 기뻤습니다. 택연이가 성적을 올림과 동시에 또 하나 올린 것이 있어요. 바로 '자존감'입니다.

솔직히 말해 성적이 올라도 택연이가 공부를 잘한다고 보기는 힘들었어요. 71점 받던 친구가 77점을 받는 정도였으니 남이 보기에는 여전히 70점대를 받는 학생이었지요. 하지만 택연이 스스로에게는 놀라운 변화가 있었습니다. 자신에게 성적을 10%나 올릴 힘이 있다는 사실을 알게 된 것이지요. 또한 다음번에도 성적을 올릴 수 있다는 자신감까지 얻었어요. 더 이상 택연이는 메모에서처럼 패배자 같은 사람이 아니었습니다. 점점 더 나은 사람이 되어 가고 있었지요.

눈치챘나요? 자존감은 자기가 존중할 수 있는 일을 스스로 성취했을 때 자라납니다. 택연이에게 성적을 올리는 것은 그런 일이었어요. 누가 시켜서 억지로, 어쩔 수 없이 시험공부를 하려고 마음먹었다면 어땠을까요? 만족감이야 있었겠지만 자존감이 높아지진 않았을 겁니다.

◦ 자존감의 핵심은 '가치'다

자존감에 대해 다시 짚어 볼게요. 자존감은 '잘난 척'이 아닙니다. 또래 친구에게 멋져 보이고 싶어서 친구를 때리는 청소년은 절대 자존감이 높지 않습니다. 폭력을 쓰면서 자기가 가치 있는 일을 한다고 생각하지는 않을걸요. 자존감은 당당함과도 다릅니다. 물론 자존감이 있으면 당당하지만, 당당하다고 해서 모두 자존감이 있는 것은 아니에요. 포함관계가 달라요. 자존감이 더욱 크고 본질적인 개념이지요.

결국 자존감의 핵심은 '가치'입니다. 자신이 어디에 가치를 두고 있으며 그 가치를 얼마나 실현하고 있는지가 자존감을 결정하지요. 내가 객관적으로 어떤 상태에 있는지는 자존감에 크게 영향을 미치지 않습니다. 누군가는 잘생기고 예쁘면 자존감이 높을 것이라 생각하지만, 꼭 그렇지만은 않아요. 남들이 예쁘다고 우러러보지만 자기가 못났다고 생각하는 연예인도 있어요. 이들은 더 나은 외모를 위해 수술과 시술을 감행하곤 하지요. 주위를 보면 80점을 맞아도 자존감이 높은 학생이 있고, 100점을 맞아도 자존감이 낮은 학생이 있어요. 자기 자신을 어떻게 바라보느냐가 중요하지 객관적으로 어떤 상태인지가 절대적으로 중요한 것은 아닙니다.

이제 여러분에게 사랑과 관련된 질문을 던질게요. 참다운 사랑을 하는 것은 존중받을 만한 일인가요? 당연히 그렇습니다. 얼른 참다운 사랑을 하고 싶어서 이 책을 펼친 분들이 많겠지요. 하지만 단번에 성숙한 사랑을 해 보겠다는 꿈은 마치 택연이가 반년 안에 전교 1등을 하겠다고 목표를 세우는 것처럼 허황됩니다. 이상이 높으면 현실이 답답해져요. 적당한 목표를 잡고 실행해야 합니다. "지금 내 수준에서는 일단 이 정도만 해내도 대단하지. 합리적인 목표를 세우고 한번 해 보자." 이런 자세가 필요해요. 내가 이미 가지고 있는 장점을 발전시켜 보자고요. 만약 몸매가 마음에 들지 않는다면 건강을 위해서라도 식단 조절이나 운동을 해 봐요. 내가 생각하는 참다운 사랑의 조건에 '배려'가 있다면 작은 배려부터 주위에 실천해 보고요. 그렇게 한 달에 1%씩만 나아져도 분명한 변화입니다. 남의 눈에 보이지 않더라도 스스로는 변화를 안답니다. 실천과 변화의 과정 속에서 '나는 존중받을 만한 사람'이라는 사실을 분명히 깨닫게 되지요. 시간이 지나면 주위 사람들도 내 자존감이 높아졌다는 사실을 자연스레 알게 돼요. 이렇게 차근차근 쌓아 올린 자존감은 쉽게 무너지지 않는답니다.

자존감이 낮아도 사랑을 할 수 있어요. 드라마에 나올 법한

멋진 사랑을 꿈꾸지만 않으면 돼요. 사랑을 통해서 조그만 행복을 누리면 자기가 그만큼 가치 있는 사람이라는 사실을 알게 됩니다.

° 자존감 있는 사람은 적극적이다

사랑을 고민하는 여러분에게 정신 수양의 대표적 지도자인 에크하르트 톨레 Eckhart Tolle의 말을 전해 주고 싶어요.

"다른 사람을 사랑하기 위해서는 반드시 스스로를 사랑해야 한다."

타인을 사랑하려면 나부터 사랑해야 해요. 그래서 자존감이 중요합니다. 사랑을 하면서 슬픈 일을 겪고 절망할 때도 있지만, 자존감이 있으면 쉽게 무너지지 않습니다. 자존감 있는 사람은 사랑을 통해 자기가 얻었던 것들을 발견해 내고, 시간이 지나 또다시 사랑에 도전할 힘을 얻게 되지요. 그렇게 멋진 사랑을 적극적으로 이뤄 나가면서 자존감이 더욱 높아지게 되고요. 반면에 자존감이 낮은 사람은 수동적입니다. 스스로 존중받고 사랑받을 능력이 없다고 생각하니 그저 누가 자기를 사랑이라는 이름으로 구원해 주기만을 기다리지요. 어느 쪽이 더 바람직해 보이나요? 어떤 사랑을 하고 싶은가요? 철학자 스피

노자^{Spinoza}도, 심리학자 에리히 프롬^{Erich Fromm}도 하나같이 사랑을 받는 것보다 사랑을 하려는 마음가짐이 중요하다고 강조한다는 사실을 기억할 필요가 있어요.

오늘부터는 우리 안의 긍정적인 요소를 하나씩 찾아보자고요. 자신과 연예인의 몸매를 비교하기보다 어제보다 오늘 내가 얼마나 더 행복한지 되새겨 봐요. 나 스스로에 대한 사랑과 존중이 타인에 대한 사랑으로 나아가기를 바랍니다. (참고로, 책 맨 뒤에 '강점 찾기 테스트'를 실어 놓았으니 직접 해 보았으면 좋겠어요.)

> **뼈 때리는 심리학 포인트**
>
> 자존감이 낮다고 걱정하고 우울해하면 그것이 더 문제!
> 자존감이 무엇인지 정확하게 이해하고
> 자존감을 높이기 위해 노력해 보자.

상대방의 단점이 보여서, 연애하기가 무서워요.

> 연애를 시작하면, 처음에는 좋아요.
> 그런데 조금 지나면 상대방의 단점이 보이기 시작해요.
> 결국 제가 헤어지자고 말해 버려요.
> 이런 일이 반복되니 연애가 두려워요. 어떻게 하죠?

강사로서 강연을 나갈 때 제일 편한 곳은 여자 중학교, 여자 고등학교입니다. 학생들이 전문 방청객 수준으로 감탄사를 연발하며 희로애락을 표현하기 때문만은 아닙니다. 질문 시간에 자신의 속마음을 솔직히 털어놓는 경우가 남학교나 남녀공학보다 많아서이기도 합니다.

한 여자 중학교에서 대중가요와 사랑을 주제로 강연했을 때의 일입니다. 어떤 학생이 손을 들고 질문했습니다.

"저는 정말 연애가 힘들어요. 누굴 사귀더라도 자꾸 그 사람의 안 좋은 면만 보게 되어서 결국 헤어지게 돼요."

"아, 그랬군요."

"지금은 누굴 만나기가 두려워서 그냥 마음을 닫고 있어요. 처음에는 좋아도 결국 얼마 지나지 않아 제가 헤어지자고 해 버릴 게 뻔해요. 선생님, 제가 어떻게 해야 즐거운 연애를 할 수 있을까요?"

그러고 보니 다른 중학교에서는 이런 질문을 받았던 적이 있었습니다. 앞의 학생과는 정반대의 상황이었지요.

"저는 연애를 하면 그 사람이 떠나갈까 봐 두려워서 자꾸 집착하게 돼요. 결국 상대방이 피곤하다면서 떠나가요. 제 집착이 너무 싫대요. 이런 일이 반복되니까 걱정이에요. 앞으로도 똑같은 일이 벌어지면 어떡해요?"

여러분이 보기에는 어떤가요? 두 사람의 고민이 매우 달라 보이지요? 하지만 행복한 사랑을 하지 못하는 이유는 둘 다 같아요. 바로 '두려움'입니다. 두려워서 회피하고, 두려워서 집착하는 것이지요. 저에게 상담을 받으러 온 남학생도 비슷한 어려움을 겪고 있었던 적이 있어요. 이런 경우는 타인에게 이유를 돌리지 말고, 먼저 자기 마음의 문제를 해결해야 합니다. 좋은 사람을 만나더라도 두려움이 가득하면 행복한 사랑을 할 수 없잖아요. 먼저 자기 마음을 잘 들여다보고 해결 방법을 찾아야 하지요. 우선 문제의 뿌리부터 잘 살펴봐야 해요. 저는 그 뿌리를 부모님과의 애착 관계에서 찾아볼 생각입니다.

° 양육자와의 몇 년이 인생을 좌우한다

사랑도 인간관계 중 하나입니다. 그럼 태어나서 누구와 제일 먼저 인간관계를 맺게 될까요? 바로 부모님입니다. 어린 시절, 특히 생후 6개월부터 2세 때까지는 정서 발달에 매우 중요한 시기입니다. 이 시기 양육자와의 정서적인 교류는 애착 관계에 큰 영향을 미치지요. 그런데 인간관계의 기본인 부모와의 관계가 불안정하게 맺어졌다면 어떨까요? 다른 관계도 불안하기 쉽겠지요. 심리학에서는 애착 이론(Attachment Theory)으로 이 현상을 설명합니다.

애착 이론은 생애 초기 부모와의 감정적 교류, 즉 애착이 연애를 포함한 인간관계에 많은 영향을 준다는 이론*이에요. 이 이론의 배경에는 제2차 세계대전에 얽힌 슬픈 역사가 있어요. 제2차 세계대전 때, 많은 전쟁고아들은 아주 어릴 때부터 병원 간호사나 보육원 직원의 손에서 자랐어요. 문제는 아기와 양육자가 감정적인 교류를 할 시간이 적다는 데 있었지요. 건강한 가정의 아기는 부모님으로부터 충분한 정서적 보살핌을 받아요. 부모님은 아기의 얼굴 표정을 살피고, 조그만 변화에도 반응하지요. (여러분의 집에 아기 때 사진이 많은 것도 다 이런 이유 때문이에요.) 그런데 전쟁고아들은 양육자와 끈끈한 애착 관계를 맺지 못했어요. 이들은 성인이 되어서도 인간관계에서 많은 어려움을 겪었어요. 사랑을 주고받는 것에 서툴렀지요. 상황이 심각해지자 국제연합(UN)에서 정신 분석가인 존 볼비John Bowlby에게 연구를 의뢰했고, 애착 이론이 탄생하게 된 것이랍니다.

엄마와 잠시 떨어진 아이를 생각해 봐요. 아기는 엉엉 울겠지요. 하지만 잠시 뒤 엄마가 돌아와 아이를 따뜻한 미소로 안아 줄 겁니다. 아이는 혼자가 아니라는 사실에 안심하고요. 이런 일이 반복되면 점차 엄마가 이따금씩 자리를 비우더라도 당

---

* 정신 분석가 존 볼비가 세운 이론이고, 심리학자 메리 애인스워스Mary Ainsworth, 제임스 로버트슨James Robertson과 같은 심리학자에 의해 발전했다.

황하거나 울지 않게 됩니다. 마음속에 일종의 '안전 기지'가 생겨난 거지요. 안전 기지는 아기의 마음을 지켜 주는 역할을 합니다. 아기는 안전 기지를 믿고 주변을 탐험했다가 돌아오기를 반복해요. 안전 기지에 대한 믿음이 강할수록 새로운 세계를 탐험하고 낯선 사람을 만나는 데 주저하지 않아요. 문제가 생기면 의지할 애착 대상이 확실히 있으니까요. 이렇게 자라난 아기는 어른이 되어서도 안정적인 인간관계를 맺을 수 있습니다. 간혹 실수를 하거나 인간관계에서 문제가 생기더라도 크게 두려워하지 않아요. 연애에서도 마찬가지입니다. 좌절하더라도 다시 도전할 용기를 내지요.

하지만 제2차 세계대전 시기의 고아는 안전 기지로 삼을 만한 확실한 대상이 없었어요. 아기를 돌봐 주는 사람이 늘 바뀌었으니까요. 이렇게 자라난 아기들은 어른이 되어 새로운 세상으로 향하는 데 주저하게 되었지요. 그랬다가 지금보다 나빠지거나 문제가 생기면 도와줄 사람이 없으니까요. 아기는 낯선 상황을 마주하면 뒷걸음질 치는 소극적인 사람으로 자라납니다. 연애에서도 그렇습니다. 사랑에 실패할까 봐 만남 자체를 두려워하며 도전을 하지 않으려 하지요.

° 안전 기지가 없는 사람의 사랑: 불안형과 회피형

애착 이론이 비단 제2차 세계대전 시절의 전쟁고아에만 국한되는 것은 아니에요. 어렸을 때 부모와 제대로 된 정서 교류를 하지 못한 사람도 애착 대상이 없기는 마찬가지입니다. 부모님이 버젓이 살아 있다고 해도, 마음속의 부모는 없는 셈이지요.

부모님의 조그만 실수들이 쌓여서 아이의 성격 형성에 영향을 미치기도 합니다. 예를 들어, 아기가 놀다가 넘어졌을 때를 떠올려 봐요. 보통 부모님들은 제일 먼저 아기의 안전을 살피고 마음을 다독입니다. 그런데 부모님이 아기의 부주의를 탓하며 늘 화를 낸다면 어떨까요? 아기는 심리적으로 위축되고, 실수를 하면 혼이 난다고 생각하게 돼요. 부모님이 일관되지 못하게 행동하는 경우도 마찬가지예요. 똑같은 행동을 해도 어떨 때는 칭찬을 받고 어떨 때는 꾸중을 들으면 아기는 자기가 무슨 행동을 어떻게 해야 하는지 혼란스러워져요. 이런 경우에도 마음속의 안전 기지가 굳건히 자리 잡지 못하고 불안한 마음을 갖게 되지요. 그럼 나중에는 어떤 인간관계를 맺게 될까요? 두 가지 방향으로 나타납니다.

1. 불안형: 불안한 마음을 갖고 집착하는 경우

부모와 안정적인 애착 관계를 형성한 사람은 자신과 상대방의 관계를 긍정적으로 생각하는 경향이 높아요. 떨어져 있는 시간을 존중하고, 개인의 독립적인 영역을 인정하며 원만하게 지냅니다. 그러나 애착 관계가 불안정한 사람은 인간관계에 있어서 늘 불안해해요. 생각해 봐요. 이 사람은 아기였을 때 양육자에게 충분한 관심을 받지 못했어요. 아기는 양육자의 관심을 끌어서 사랑을 받기 위해 노력했을 거예요. 성인이 되어서도 이때를 기억하게 됩니다. 상대가 떠나갈까 봐 지극정성으로 잘해 주고, 자꾸 애정을 확인하려고 하지요. 또한 상대가 자기에게 계속해서 애정을 표현해 주기를 바랍니다. 상대방 입장에서는 부담이지요. 불안형은 상대방과 동등하고 독립적인 관계가 아니라, 의존적인 관계를 맺기 쉬워요. 당연한 말이지만, 자기의 바람을 모두 완벽하게 실현해 줄 사람은 없어요. 그런데 자꾸 마음속의 어린아이는 양육자에게 원했던 관심과 사랑을 어른이 되어서 연애 대상에게 원하는 겁니다.

이런 관계가 안정적이기는 힘들겠지요. 상대방이 집착에 지쳐서 헤어짐을 선언하게 됩니다. 그런가 하면 불안형이 상대방에게 먼저 이별을 고하는 일도 자주 일어납니다. '이 사람은 나에게 애정이 없네.'라고 판단하며 관계를 끊어 버리는 것이지요.

2. 회피형: 타인을 믿지 않고 멀리하는 경우

애착 관계가 불안정한 사람들 중에서 집착이 아니라 회피를 하는 경우도 있습니다. 마음의 안전 기지가 없는 아기를 떠올려 봐요. 계속해서 양육자에게 관심과 보살핌을 원하는데 양육자가 그 마음을 몰라주면 어떨까요? 아기는 불안해하고, 여러 번 실망하고, 상심하다가 이내 마음을 닫아 버리기도 합니다. 어차피 양육자의 관심을 받지 못할 바에는 양육자의 관심 따위는 필요 없다고 생각해 버리는 것이지요.

이 아기가 어른이 되면 자신에게 좌절의 경험을 줄 수 있는 인간관계를 거부하기 쉽습니다. 언뜻 보면 독립심이 대단한 사람처럼 보이지요. 하지만 그도 외롭습니다. 다만 인간관계에서 갈등이 생겼을 때의 스트레스를 견딜 자신이 없어서 관계 자체를 회피할 뿐이지요. 그러면서 이런 자신의 행동을 상대방의 잘못 때문이라고 합리화합니다. 상대의 부정적인 면을 귀신같이 찾아내서 그 사람과 관계를 끊어 버리기 일쑤지요. 이런 유형을 회피형이라고 합니다.

불안형과 회피형, 모두 애착 관계가 불안정한 사람들입니다. 이들은 다른 사람에게 사랑을 잘 주지 못해서 문제지만, 자기가 사랑받을 수 있다는 사실을 알지 못해서 문제기도 합니다. 자기가 여기에 해당하는 것 같은데 어떡하냐고요? 너무 걱정하지는 말았으면 합니다. 문제를 인식했다는 사실만으로도 해결에 한 발자국 다가간 셈입니다. 상대방 탓을 하지 않고, 내가 먼저 노력해야 한나는 것을 알았디는 데 박수를 쳐 주고 싶어요. 그렇게 진정한 사랑을 위한 전환점을 만들어 나가면 됩니다.

뼈 때리는 심리학 포인트

유아기에 양육자와의 관계가 안정적이지 못하면,
어른이 되어 인간관계가 불안정할 가능성이 높다.
연애를 할 때도 집착하거나 회피를 한다.
우리는 알아야 한다.
상대방이 문제가 아니라 내가 문제란 사실을.

사랑에 대한 두려움을 없애는 세 가지 방법

사랑이 두려운가요? 두려움은 스트레스* 반응입니다. 스트레스를 받으면 사람들은 다양한 방식으로 대응해요. 어떤 사람은 화를 내고, 어떤 사람은 도망을 가고, 어떤 사람은 그 자리에서 얼어붙어 어쩔 줄 몰라 하지요. 사랑으로 인해 스트레스를 받아도 마찬가지예요. 예민하게 집착하며 달려들거나, 피하거나, 어쩔 줄 몰라 하지요. 이렇듯 다양한 반응들은 모두 교감신경이 작동하여 벌어지는 것이랍니다. 스트레스를 받으면 본능적으로 자율신경계 중 교감신경이 활성화되는데요. 그러면 심장은 더 빠르게 뛰고, 동공은 확대되고, 근육이 긴장해요. 싸우거나 도망칠 때 적을 잘 보고 민첩하게 움직이기 위해서 이런 반응이 나타나는 것이지요. 교감신경이 너무 활성화되어서 근

---

* 스트레스(stress)란 심리적·신체적으로 감당하기 어려운 상태에 놓였을 때 느끼는 불안, 우울, 초조한 감정을 말한다.

육이 지나치게 긴장하면 그 자리에 꼼짝 못 하게 되기도 해요. 교감신경은 우리 몸의 액셀러레이터에 비유할 수 있답니다.

그런데 계속해서 액셀러레이터만 밟으면 몸이 고장 나겠지요? 이럴 때는 브레이크를 밟아 줘야 해요. 부교감신경이 우리 몸의 브레이크에 해당합니다. 부교감신경이 활발해지면 소화가 잘되고, 심장은 천천히 뛰고, 동공이 수축돼요. 뇌가 긴장을 푸는 것이지요. 그러면 편하게 먹을 수 있고, 잠을 푹 잘 수 있어요. 당연히 마음 편한 상태에서 사랑을 잘할 수 있겠지요? 원래는 마음이 편해야 부교감신경이 활성화되지만, 반대로 부교감신경을 활성화시켜도 마음이 편해집니다. 이제 부교감신경을 활성화하는 방법을 알려 줄게요.

1. 숨을 크게 쉬어 봐요.

"사랑을 두려워하지 마!" 이렇게 외치는 것은 별 소용이 없어요. 오히려 두려움이 커지고 마음이 긴장하게 되지요. 사랑 자체를 생각하지 말고, 그저 호흡에만 집중해 보세요. 숨을 의식적으로 천천히 쉬면 자동적으로 부교감계 신경이 활성화돼요. 하버드대학교의 허버트 벤슨^{Herbert Benson} 교수는 이를 '이완 반응(relaxation response)' 효과라고 불렀지요.

저는 복식호흡법을 추천해요. 무리가 되지 않는 선에서 최대한 숨을 천천히 쉬세요. 코로 공기를 들이켜고 입으로 내쉬는 거예요. 손을 복부에 놓고, 자신의 배가 마치 풍선처럼 부풀어 올랐다가 바람이 빠졌다가 하는 과정에 집중해 보세요. 호흡만으로도 마음이 편안해지고 스트레스가 줄어든답니다. 물론 하루아침에 스트레스가 확 줄어들지는 않아요. 2주 뒤부터 슬슬 효과가 나타나지요.

2. 긍정적인 내용의 메모를 써 봐요.

사랑에 대한 두려움은 부정적인 자아상에서 만들어져요. 그럴 때는 긍정 메모를 써 보는 게 좋아요. 나의 장점을 하나하나 적어 내려가는 거예요. 남과 비교해서 월등히 좋은 점을 찾으라는 말이 아니에요. 내가 가진 장점 중 인정할 만한 점이 무엇인지 되새겨 보는 겁니다. 단점이라고 생각했던 게 장점이 되기도 합니다. 예를 들어, 평소 민첩하지 않아서 고민했다면 '신중하다'고 바꿔 생각해 봐요. 이렇게 따져 보면 누구나 장점이 있습니다.

처음에는 하루 한 개씩 간단하게 적으면 됩니다. 단, 겹치지 않게 날마다 새로운 장점을 찾아야 해요. 2주 정도가 지나면 장점을 찾는 기술이 생기면서 나의 자존감도 함께 높아지지요.

3. 아는 것이 힘! 사랑에 대한 정보를 모아 봐요.

두려움은 어떤 일이 벌어질지 모른다는 예측 불가능성에서 생깁니다. 예측이 가능하다면 그만큼 두려움이 줄어들어요. 사랑에 대해 알면 아는 만큼 힘이 되지요.

시간이 되는 대로 연애에 대한 현실적인 정보가 담긴 책을 읽거나 유튜브 영상을 보면서 간접경험의 폭을 넓혀 보세요. 판타지에 가까운 드라마나 영화는 별로 도움이 되지 않아요. 오히려 현실과 너무 달라 방해가 되지요. 현실적인 선배의 조언, 심리학자의 분석, 솔직한 연애담에 귀를 기울여 보세요. 이론적으로나마 연애의 과정을 알고 나면 직접경험의 두려움에서 벗어날 수 있답니다.

심리학자 에리히 프롬은 그의 책 『사랑의 기술(The Art of Loving)』에서 사랑을 하려면 기술을 배우고 익히려는 노력을 해야 한다고 강조했어요. 태어날 때부터 사랑을 잘하는 사람은 없어요. 여러분도 다양한 노력을 통해 행복한 사랑을 이루기를 응원할게요.

⑥ 제대로 의심하기

온라인에서 만난 사람과 연애하면 안 되나요?

온라인에서 만난 사람과 연애를 시작했어요.
자주 볼 수는 없지만 우리는 분명 사랑을 하고 있지요.
그런데 주변에서는 자꾸 걱정이 된대요.
제 사랑, 문제가 있는 걸까요?

얼마 전에 자료 조사를 하려고 청소년들의 익명 고민 게시판을 들어가 봤습니다. 그중 제 눈길을 멈추게 한 사연을 소개할게요.

"저는 중학교 2학년 여자예요. 얼마 전에 사귀던 애랑 헤어졌어요. 첫 남자 친구였는데 이별 뒤에 너무 힘들어서 다른 아이디로 SNS에 속마음을 적었어요. 댓글이 많이 달렸는데, 저를 적극적으로 위로해 준 아이가 있었어요. 프로필 사진을 보고 여자아이인 줄 알았는데, 알고 보니 저랑 동갑인 남자아이래요. 증거를 보내 달랬더니 사진을 주더라고요. 솔직히 외모가 기대 이상이었어요. 남의 사진일 수도 있으니까, 지금 내 글을 읽고 있는 모습을 '인증샷'으로 남겨 보라고 했더니, 그 사진까지 보내더라고요. 저는 개인 메신저로 그 애와 이야기를 나누기 시작했어요. 나중엔 직접 만나기도 했는데요. 처음에는 어색했지만 곧 오랫동안 알고 지낸 친구 같은 느낌이 들더라고요. 그 남자애는 한참 뒤에 사실 저보다 한 살 많다고 털어놓으면서, 그래도 친구처럼 지내자고 했어요. 어느새 우리는 사귀게 되었지요. 멀리 떨어져 있어서 자주 보지는 못하지만 우리는 즐거운 연애를 하고 있다고 자신해요.

그런데 친구들은 제가 '진짜 연애'를 하는 게 아니래요. 얼굴도, 나이도, 성별도 속였는데 또 다른 거짓말을 하고 있을지도 모른대요. 멀리 떨어져 있어서 다 좋아 보이는 거지, 가까이 있으면 단점이 많이 보일 거라는 말도 하더라고요. 심지어 양다리를 걸치고 있을지 누가 아느냐는 말도 들었어요. 그런 말을 들으면 불안하지만 저는 그동안 둘이 나눴던 대화를 믿고 싶어요. 온라인에서 만나 온라인에서 사랑을 키우는 저…. 제가 하는 건 '진짜 사랑'이 아닌가요? 저는 어떻게 해야 하지요?"

○┈┈┈┈┈┈┈┈┈┈┈┈┈┈┈┈┈┈┈┈┈┈┈┈┈┈➤

° SNS, 보여 주고 싶은 것만 보여 줄 수 있는 공간

사연을 읽고 나서 처음에는 세대 차이를 느꼈습니다. 저는 온라인 연애 경험이 없는 아날로그 세대니까요. 그런데 생각해 보니 저희 세대도 비슷한 경험은 있더군요. 제가 이십 대이던 시절에는 'PC 통신'이라는 게 있었어요. 천리안, 유니텔 등 지금은 전설이 된 회사의 시스템에 모뎀을 통해 접속해서 사람들과 이야기를 나눴지요. 그 와중에 사랑이 싹트기도 했습니다. 박신양·전도연 주연의 영화 〈접속〉도 PC 통신을 통해 만난 사람들 사이에서 싹튼 사랑을 다뤘지요. 온라인에서 만난 사랑에 대한 고민은 오래전부터 있어 왔던 거예요.

이제 사연으로 들어가 봅시다. 이 학생은 온라인에서 만난 두 사람의 물리적인 거리가 멀다는 점을 우려하는데요. 일반적으로는 마음이 가까우면 몸도 가깝게 지내지요. 인류학자 에드워드 홀 Edward Hall 은 연구를 통해 심리적으로 친한 사이는 신체적

거리도 가까워진다고 주장했어요. 일상생활에서 싫어하는 사람끼리는 가급적 멀리 떨어져 앉으려 하고, 좋아하는 이들끼리는 곁에 붙어 있으려고 하지요. 하지만 사연의 주인공처럼 어쩔 수 없이 떨어져 있어야 하는 상황에 이 심리 이론을 적용하기는 힘듭니다. 사실 시대가 변하기도 했어요. 요즘은 메신저나 화상 전화 등을 이용하면 먼 거리의 친구와도 마음만은 가깝게 지낼 수 있으니까요.

그런데 SNS나 데이트 앱에서 시작된 연애에는 변수가 있어요. 친구들이 지적한 점과 어느 정도 통하기도 해요. 바로 SNS에서는 조작이 쉽다는 겁니다. 가상공간에는 실제 있는 그대로의 모습보다 보여 주고 싶은 모습을 편집하여 올리는 경우가 더 많아요. 남자가 여자인 체하는 정도는 식은 죽 먹기지요. 만약 상대방의 편안한 면모에 반해 사귀기로 했는데 그 편안함이 조작된 모습이라면 어떨까요? 그 사랑은 진짜 사랑일까요? SNS에서는 너무나 친절했는데 오프라인에서는 정반대라면 그 사람은 정말 배려심이 있는 사람일까요? SNS의 문제점은 장점을 크게 부각시키고 단점을 감출 수 있다는 데 있어요. 그것도 아주 쉽게요.

고민 글의 친구는 '진짜 사랑'이 무엇이냐고 물었는데요. 진짜 사랑의 조건 중 하나는 '진실성'입니다. 서로의 진실한 모습을 알고 있어야 진짜 사랑을 할 수 있어요. 다른 사람이 뭐라고 하든지 그것은 나중 문제이고, 일단 나와 상대방이 서로 거짓되지 않아야 해요. 그런데 사연의 주인공은 어땠나요? 직접 만나 상대방의 진면목을 확인하려고 애쓰기는 했어요. 그런데 성별과 나이를 속였다는 사실은 가볍게 여겼지요. 우리는 상대방을 볼 때 그 사람이 보여 주고 싶어 하는 모습만을 보지 말고, 전체를 파악해야 해요. 전체가 아니라 부분만 사랑하는 것은 '진짜 사랑'이라고 보기 힘들겠지요?

° 의심은 노력이다

원래 상대의 진짜 모습을 알기는 쉽지 않습니다. 오프라인에서 만나, 오프라인으로 사랑을 키워 결혼까지 한 사람들도 힘들기는 마찬가지예요. 데이트할 때 봤던 모습이 전부라고 생각해서 결혼했는데 웬걸요. 찰싹 달라붙어 살다 보면 다른 면이 보이지요. 그럼 "내가 사랑했던 사람은 대체 누구? 여기는 어디?" 하고 외치게 되는 겁니다. 그러니까 온라인이든 오프라인이든 간에 상대의 전체를 보려는 노력은 필수예요. 저는 이왕이면 상대방을 제대로 의심해 보라고 말하고 싶어요. 온라인

에서 시작된 연애는 무조건 다짜고짜 의심부터 하고 멀리하라
는 말이 아니에요. 여러분의 눈으로 상대의 진짜 모습을 파악
하기 위해 심사숙고하라는 뜻이지요. 의심은 사랑을 위한 노력
이랍니다.

그럼 어떻게 제대로 의심해야 할까요? 몇 가지 방법을 알려
줄게요.

1. 실제 만났을 때 하는 행동으로 판단해요.

SNS에서는 자기 마음대로 특정 부분을 부각시키고, 수정하
고, 삭제할 수 있다는 사실을 알고 있지요? 그런데 온라인에서
알던 사람을 오프라인에서 만나게 되면 자연스럽게 온라인에
서의 인상을 바탕으로 상대를 평가하기 쉽습니다. 온라인에서
친절한 사람은 왠지 오프라인에서도 친절해 보이는 식으로요.
하지만 순전히 내 눈앞에 보이는 모습으로 상대를 판단하려고
노력해야 해요. 물론 SNS에서 자신을 잘 포장했던 사람은 오
프라인에서도 능숙하게 자신의 장점을 부각시키겠지요. 사람
을 한 번만 보고는 알 수 없습니다. 시간을 두고, 여러 번 보고,
천천히 판단하세요.

2. 거짓말에 대해 어떤 태도를 보이는지 살피세요.

평소 거짓말에 대해서 어떻게 생각하는지도 살펴보세요. 작은 거짓말이라고 가볍게 여기는 사람은 주의할 필요가 있어요. 거짓말은 필요에 의해서 할 수 있다고 여기는 사람도요. 그런 사람은 필요하다면 나에게도 거짓말을 할 수 있거든요. 필요할 때마다 거짓을 만드는 사람과 어떻게 진짜 사랑을 할 수 있겠어요. 물론 그렇다고 어느 때나 분별없이 솔직하게 말해야 한다는 건 아니에요. 여자 친구가 "나 예뻐?"라고 물었을 때 느낀 그대로 "대부분의 사람들이 생각하는 미의 기준에는 훨씬 미치지 못하지만 내 눈에는 그럭저럭 예뻐 보여."라고 말하면 어떨까요? 참 눈치 제로, 센스 제로입니다. 여자 친구가 상처를 받잖아요. 상대에게 상처를 주지 않으려 수위를 낮춰 말하거나 표현을 부드럽게 하는 것은 거짓말이 아니라 '사회적 기술'이라고 하지요. 제가 경계하는 거짓말은 '거짓말을 하는 사람이 이득을 보는 거짓말'입니다. 두 여자를 동시에 만나는 남자가 양다리 사실을 숨겼다고 해 봅시다. 여자 친구가 상처받지 않게 하고 싶다면서요. 하지만 이것은 새빨간 거짓말이에요. 이 사실을 숨겨서 이득을 보는 건 남자뿐이지요. 자, 이제 어떤 거짓말을 경계해야 하는지 알았나요?

연애 한번 하기 참 힘들지요? 이런 노력을 굳이 하지 않고 사랑을 하고 싶을 수도 있어요. 하지만 제대로 사랑을 하겠다는 목표를 잡았으면 노력은 너무나 당연한 과정이에요. '진짜 사랑'을 하는 사람은 항상 꼼꼼하게 따져 본답니다. 의심은 나쁘다는 이유로, 또 귀찮고 힘들다는 핑계로 상대의 진면모를 파악하려는 노력을 하지 않는다면 진짜 사랑과는 거리가 멀어지고 있는 거예요. 장거리 연애, 온라인에서 시작된 연애는 너욱 노력해야 진짜 사랑을 할 수 있어요.

다시 한 번 강조하지만, 연애를 시작할 때는 상대가 어떤 사람인지 제대로 그리고 꼼꼼히 의심해 보세요. 믿고 싶은 것만 믿지 말고, 믿을 수밖에 없는 분명한 사실을 믿어야 합니다. 서로가 분명히 인정하는 사실을 바탕으로 사랑을 이루면, 설사 주위 사람들이 부정적인 말을 해도 흔들리지 않는답니다. 주위 사람들이 뭘 의심하더라도 다 반박할 수 있는 증거들을 미리 찾아 놨으니까요.

고민 글을 쓴 친구가 의심이라는 노력을 통해 진짜 사랑을 하게 되길 응원합니다.

뼈 때리는 심리학 포인트

SNS에서 만났다고 다 나쁜 사람은 아니지만
그의 진짜 모습을 알아보기 위해 더 노력해야 하는 것은
사실이다.
상대방의 전체를 보기 위해, 그리고 참된 모습을 보기 위해
의심하고 또 의심하라.
의심은 나쁜 것이 아니라, '노력'이다!

안 돼.

허락 없이 하는 스킨십은
범죄야. 알아?

미, 미안....

허락 받고 해
내 남친아.

스킨십, 하고 싶습니다!

이성 친구를 사귀고 있습니다.
얼른 손을 잡고, 키스하고, 그리고... 네, 그러고 싶습니다.
근데 자꾸 상대방이 싫다고 거부하네요.
한번 해 보는 말이겠죠?

지방에 강연을 갔다가 저녁을 먹으러 패스트푸드점에 들어 갔습니다. 천천히 햄버거를 먹고 있자니 주변 이야기가 귀에 쏙 쏙 들어왔습니다. 옆에서 중학생으로 보이는 남학생들이 큰 소 리로 수다를 떨고 있었지요. 들어 보니 스킨십 진도 자랑이었어 요. 얼마나 빨리 스킨십을 했으며, 어디까지 나갈 예정인지를 앞다투어 이야기하는데, 정말 듣기 불편했습니다.

끽끽대는 분위기가 계속 이어졌습니다. 꼰대 취급을 받더라도 한마디 해야겠다 싶어 입을 떼는데, 학원 시간이 급하다며 학생 일행이 자리에서 일어났습니다. 그들의 뒷모습을 보면서 망설인 저 자신을 탓했습니다. 그러고 보니 예전에도 비슷한 또래의 학생에게 스킨십을 주제로 상담을 했던 적이 있었어요. 중학교 3학년 학생 찬호였습니다. 찬호는 원래 진로 문제로 상담을 받고 있었어요. 한 달 정도 지나서 제법 신뢰가 쌓였을 무렵, 찬호는 머뭇거리다가 힘겹게 입을 열었습니다.

"실은 올해부터 여자 친구를 몰래 사귀고 있어요. 100일이 넘었어요."

이 말을 하고 또 한참을 머뭇거렸지요.

"친구들은 100일이면 갈 때까지 다 가야 정상이라고 이야기해요. 그런데 전 애들이 말하는 진도보다는 한참 느려요. 손 잡고, 어깨에 손 올리고, 팔짱 끼는 정도예요. 그것보다 더한 스킨십을 하려고 하면 여자 친구가 거부하더라고요."

"여자 친구가 거부하면 어떻게 해요? 의사를 존중하겠지요?"

"글쎄요. 전 잠깐 멈췄다가 다시 해요. 애들이 그러는데, 싫은 척하는 것이라고 하더라고요. 그럴수록 더 확실히 사랑을 느끼게 하고 싶어서 계속해서 시도해요."

찬호의 말을 듣고 저는 안타까워 큰 한숨을 지었습니다. 찬호의 얼굴이 벌개졌습니다.

"그런데 여자 친구가 저를 완전 벌레 보듯 해요. 어떻게 스킨십을 해야 할까요?"

○·····························➤

° 그것은 사랑이 아니다

예전에 대학원에 다닐 때, 교내 학교생활 연구소에서 일했던 적이 있습니다. 그곳에서는 학생들의 학교생활과 관련해 다양한 문제들을 상담해 주었지요. 그런데 대학교 1학년과 2학년 학생들이 주로 상담 신청하는 것은 학업 문제가 아니었어요. 성적 문제가 많았습니다. 시험 성적(成績) 말고 '성적(性的)' 문제 말이에요.

비단 대학 때 일어난 일만이 고민은 아니었습니다. 고등학교 시절 했던 진한 스킨십이나 성관계가 상처로 남은 경우도 있었어요. 그땐 사랑의 표현인 줄 알고 스킨십에 집중했지만 시간이 지나니 사랑이 아니었다며 후회하는 친구들도 있었고, 상대방이 나를 사랑하는 줄 알고 스킨십을 했는데 알고 보니 육체적 호기심에 불과했다며 속상해하는 학생도 있었습니다. 성(性) 문제로 고민하는 청소년들이 나날이 늘어 가고 있는 것이 사실입니다. 2014년 여성가족부에서 실시한 한 보고서(『청소년 유해환경접촉 종합실태조사 보고서』, 2014)를 살펴보면, 성 경험이 있는 청소년들의 평균 첫 성 경험 연령대는 남성 청소년이 12.7세, 여성 청소년이 13세인 것으로 집계되었습니다. 모든 청소년의 성 경험 연령대가 아니라 성 경험이 있는 청소년의 성 경험 연령대임을 감안해도 굉장히 빠른 편이지요. 참고로 전체 여자 중·고등학생 중 임신 경험률은 0.2%이고, 이 중 인공 중절 수술을 받은 여자 청소년은 66.1%에 달했습니다. 이쯤에서 스킨십에 대해 고민해 볼 필요가 있어요.

패스트푸드점에서 만났던 남학생들이나 제게 상담받은 남학생을 떠올려 보세요. 스킨십이 급하고, 또래 친구들에게 얼른 자랑하고 싶어 합니다. 그런데 상대방이 거부하면 불편해해요. 머릿속에 '진도'를 정해 놓고, 상대방이 그 진도에 맞추지 않으면 꽉 막혔다고 생각해 버리지요. 그리하여 설득을 하거나 강압적인 스킨십 시도를 하는 것이지요. 상대방을 존중하지 않는 이러한 태도에는 분명 문제가 있습니다. 아, 어리고 잘 몰라서 그렇다고요? 그럼 지금부터 반드시 알아 두어야 합니다. 강압적인 스킨십 시도는 폭력이라는 사실을요. 상대가 싫어하는 것을 억지로 하려는 사람은 사랑을 실천하는 열정적인 사람이 아니라, 데이트 강간범에 더 가깝습니다. 사랑이라는 말로 포장해서는 안 되지요.

그럼 상대방이 스킨십에 동의하기만 하면 문제가 없는 걸까요? 만약 스킨십을 거부하면 이별할까 두려워서 혹은 자신에게 실망할까 봐 일단 스킨십을 받아들이기로 했다면 어떤가요? 이를 사랑의 표현이라고 볼 수는 없습니다. 그저 두려움에서 비롯된 행동일 뿐입니다. 30년 넘게 심리 치료사로 활동한 로빈 스턴Robin Stern 박사는 그의 저서 『그것은 사랑이 아니다』에서 '가스라이팅'에 대해 설명했습니다. 가스라이팅은 타인의 심리를 치밀하고 교묘하게 조작하여 타인을 자기 뜻대로 하는 행위를 말합니다. 여기서 가해자를 가스라이터(gaslighter), 피해자를 가스라이티(gaslightee)라고 해요. 로빈 스턴 박사에 따르면 가해자인 가스라이터는 자신이 항상 옳다고 주장하며 피해자인 가스라이티에게 힘을 과시한다고 합니다. 피해자는 자신도 모르는 사이에 가해자를 이상화하고, 가해자로부터 관심과 사랑을 받기 위해 가해자가 지배력을 행사하게 둔다고 말했지요. 어느 순간 피해자는 판단력을 잃게 되는 것입니다.

스킨십을 강요하는 사람, 그리고 스킨십을 두려움 속에서 허락하는 사람 모두 가스라이팅 이론으로 설명할 수 있습니다. 가해자는 사랑을 확인하기 위해 스킨십을 당연히 해야 한다고 말하면서 자신이 옳다는 것을 끊임없이 증명하려고 합니다. 어느 순간 피해자는 가해자의 사랑을 확인하기 위해 스킨십을 받아들입니다.

가스라이팅은 '불신—자기 방어—억압'의 3단계를 거쳐 이뤄져요. 물론 3단계까지 가지 않고 1단계나 2단계에 머물러도 가스라이팅이 될 수 있어요.

가스라이팅의 예를 들어 볼게요. 누군가 사귀는 이에게 "네가 날 덜 사랑해서 스킨십을 거부하는 거야."라고 말했다고 해봐요. 처음에는 그 말을 잘 믿지 않아요. 하지만 계속 그런 말을 들으면 강하게 아니라고도 못하지요. "정말 내가 상대방을 사랑하지 않아서 스킨십을 거부하는 걸까?" 시간이 지나면 이렇게 기존의 자기 생각을 불신하게 돼요. 이것이 1단계입니다. 하지만 생각 끝에 그건 아니라는 결론이 나면 자기 방어에 나서요. "난 그렇지 않아. 널 사랑해. 하지만 스킨십은 천천히 하고 싶어." 이렇게 말이지요. 그러고는 가해자에 맞서 말싸움을 합니다. 이것이 2단계입니다.

그래도 가해자가 계속해서 강요하면 싸움이 계속되겠지요. 피해자는 지치고, 어느새 가해자의 말을 인정하게 돼요. 사과를 하고, 가해자의 요구에 순순히 따릅니다. 사랑 때문이 아니라, 지쳐서 그렇습니다. 점점 가해자는 더 큰 것을 요구하고, 피해자는 순순히 따르게 되지요. 연인 사이가 아니라 가해자—피해자의 관계가 되는 겁니다.

° 스킨십을 하기 전에 기억해야 할 세 가지

보통 '강간'이라고 하면 억지로 하는 성행위만 생각합니다. 하지만 이건 성기 중심의 사고예요. 억지로 하는 스킨십도 엄연한 강간입니다. 성적인 욕구와 행위를 스스로 결정할 수 있는 자기 결정권을 침해한 것이니까요. 저는 패스트푸드점에서 만난 남학생들과 저에게 상담받으러 온 찬호에게 꼭 이 말을 해주고 싶습니다.

1. 상대방의 의견을 존중해야 한다.

사랑이라는 이름으로 폭력을 휘두르지 않으려면 상대방의

의견을 정확히 이해해야 합니다. 상대방이 스킨십은 싫다는 의사 표현을 하면 이를 말 그대로 받아들여야 하지요. 그 누구보다도 사랑하는 사람의 말을 믿어야 합니다. 싫다고 하면 싫어하는 것이라고 말이지요.

2. 스킨십의 목적이 무엇인지 생각한다.

여러분이 하려는 스킨십이 사랑의 표현인지, 본능의 해결인지 자기 자신에게 솔직하게 물어봐야 합니다. 전적으로 본능 때문이라면 서로에게 좋은 영향을 미치지 못합니다. 성적 본능 때문에 힘들다면 자위행위를 통해 어느 정도 욕구를 해소할 수도 있고, 장기적으로는 예술 활동이나 체육 활동으로 욕망을 분출할 수도 있어요. 심리학에서는 이렇게 긍정적으로 욕망을 해결하는 방법을 '승화'라고 합니다.

3. 사랑의 표현에는 스킨십만 있는 게 아니다.

사랑의 표현에는 스킨십만 있다는 선입견에서 벗어나 봐요. 스킨십 말고도 다른 사랑의 표현이 많답니다. 편지를 쓰거나 뭔가를 만들어 주며 사랑을 표현하거나, 작은 선물이나 따뜻한 말 한마디로 사랑을 느끼게 할 수도 있지요. 강력한 표현 방법이 스킨십밖에 없는 듯하지만, 스킨십은 사랑의 여러 표현 중 하나일 뿐이에요. 몸뿐만이 아니라 마음을 어루만져 주는 것, 그것을 상대방은 바란답니다.

사랑을 표현하고 싶다는 생각에 더욱 집중하면 성숙한 사랑을 할 수 있습니다. 너무 신경 쓸 게 많다고요? 사랑은 더욱 예민하게 접근해야 해요. 우정은 여러 명과 나눌 수 있지만, 사랑은 특별한 한 명의 상대와 특별한 감정을 나누는 거잖아요. 그런데 사랑이라는 말로 대충 눙치며 아직 마음이 열리지 않은 상대방에게 스킨십을 요구해서는 안 되지요.

만약 누군가가 나에게 스킨십을 강요한다면 이렇게 단호하게 말할 수 있어야 합니다.

"나도 너를 좋아하지만, 그렇다고 네가 하고 싶은 모든 일을 내게 해도 된다는 뜻은 아니야. 나는 나를 존중해 주는 사람이 좋아. 네가 이렇게 내 의견을 존중하지 않는다면 난 너와 스킨십을 할 이유가 없어."

사랑도 나를 위해 하는 것이라는 사실을 기억하세요. 만약 희생을 강요하며 감정적으로 힘들게 하는 사람이라면 자신의 행복을 위해 이별해야 합니다. 처음에 행복하기 위해 사랑을 선택했으니, 행복하기 위해 이별해야지요. 당연한 말이지만, 사랑하는 사람은 우리에게 일부러 상처를 주지 않아요. 어쩌다 상처를 주었다는 사실을 알게 되면 미안해해야 맞습니다. 나에게 계속 상처를 준다면 그 관계를 굳이 이어 갈 필요는 없습니다. 자기 스스로를 존중할 때 상대도 함부로 하지 못한다는 사실을 기억하세요.

° 욕망보다는 존중을!

그래도 스킨십을 하느냐 마느냐를 두고 고민이 된다고요? 아마 고민이 되는 이유는 자신의 욕망 때문일 거예요. 누구에게나 호기심과 욕구는 있으니까요. 그럴 땐 스킨십은 욕망의 문제라기보다 '존중'의 문제라는 사실을 기억하세요. 나와 상대방을 존중하는 선택을 해야 한다는 것을 말이에요. 존중에 대해서 깊게 생각하지 않으면 욕망이 폭발하기 쉽습니다. 호르몬이 왕성하게 분비되는 청소년기에는 더욱 심하겠지요.

인간에게는 성적 본능만 있는 게 아닙니다. 이성도 있고, 감성도 있습니다. 남을 존중하는 마음과 오랫동안 행복하고 싶은 마음도 있지요. 꿈틀거리는 성적 본능에 너무 휘둘리지 않았으면 좋겠어요. 여러분의 사랑은 어떤가요? 스킨십을 핵심 문제이자 목적으로 놓고 있나요? 아니면 사랑을 핵심 문제이자 목적으로 두고 있나요? 여러분이 어떤 사랑을 할지는 여러분에게 달렸습니다.

뼈 때리는 심리학 포인트

상대방에게 스킨십을 강요하는 자들, 멋대로 생각 마라.
싫다고 하면 싫은 것이다.
상대방에게 스킨십을 강요받는 자들, 기억하라.
그건 사랑이 아니라 '가스라이팅'이며 '폭력'이다!

⑧ 사랑의 삼각형 이론

플라토닉 사랑은 가짜 사랑 아닌가요?

영화 속 열정적인 사랑에는 스킨십이 빠지지 않습니다.
키스나 포옹, 그리고 더한 것도요.
그런데 왜 사람들은 정신적인 사랑을 더 고상하게 여기지요?
정신적인 사랑만 해서 사랑이 되나요?

앞서 청소년의 스킨십과 가스라이팅에 대해 이야기했지요.
성(性)적인 접촉에 대해 고민해야 할 지점이 많다는 저의 말에
떨떠름한 표정을 하고 이렇게 공격적으로 묻는 친구가 있었습
니다.

"정신적이기만 한 사랑은 가짜 아닌가요?"

자기 나름의 논리를 갖고 부드럽게 말하는 학생도 있었지요.

"사람들은 흔히 사랑을 육체적 사랑과 정신적 사랑으로 나누잖아요. 그중 정신적 사랑을 더 고상하게 여기는 경향이 있는 것 같아요. 하지만 정말 정신적이기만 한 사랑이 가능한가요? 플라토닉 사랑만 고집하면 행복할까요?"

여러분은 이 질문에 대해 어떻게 생각하나요? 무엇이 더 중요하다고 딱 잘라 말하기는 아마 쉽지 않을 거예요. 영화나 드라마에서는 육체적인 방식으로 사랑의 기쁨을 표현하는 장면이 자주 등장해요. 한편으로는 연애편지나 따뜻한 말 등 정신적 교류로 사랑의 마음을 표현하기도 하지요. 육체적 교류와 정신적 교류, 둘 중 하나만 선택해야만 하는 상황은 너무 극단적이에요.

그런데 위에서 언급한 학생들의 질문에는 사랑을 어떻게 해야 하는지에 대한 깊은 고민이 없어 보여서 아쉽습니다. 혹여나 정신적인 사랑이 특별한 게 아니라는 생각으로, 육체적 사랑을 강조하려고 질문을 했다면 더욱 문제고요. 저는 이번 기회에 어떤 사랑을 해야 하는지에 대해 이야기하고자 합니다.

° 플라토닉과 에로스를 고민하다

앞서 저에게 질문한 학생이 플라토닉 사랑이라는 표현을 했는데요. 먼저 용어의 의미부터 정리해야 할 것 같습니다. 흔히 '플라토닉 사랑'은 '정신적 사랑'을 의미하는 말로 쓰이지요. 반대말로는 '에로스적 사랑'을 들 수 있어요. 에로스는 '육체적인 사랑'을 가리킵니다.

에로스와 플라토닉의 의미에 대해 더 자세히 알아봅시다. 먼저 에로스는 그리스 신화에 나오는 사랑의 신으로서, 아름다움의 신 아프로디테의 자식으로 알려져 있습니다. 아름다움을 관장하는 신으로부터 탄생했으니, 에로스의 뿌리 역시 아름다움이에요. 에로스는 주로 아들로 묘사되지만, 루브르 박물관에 있는 조각상을 보면 남녀 성기를 모두 갖고 있는 양성의 존재로 그려지기도 해요. 사랑의 신이 양성의 존재로 묘사된다는 점은 남녀 모두에게 욕정이 있음을 암시하는 듯합니다. 에로스적 사랑은 남녀 모두의 사랑 방법 중 하나인 것이지요.

이번에는 플라토닉 사랑의 유래를 살펴볼게요. 플라토닉이라는 단어는 너무나 유명한 고대 철학자의 이름을 떠올리게 하지요. 네, 플라톤^{Plato}입니다. 철학자는 삶을 꼼꼼히 들여다보며 지혜를 찾는 사람이에요. 사랑도 삶을 이루는 조건 중 하나이니, 고대 철학자들은 사랑에 대해 치열하게 고민했습니다. 플라톤 역시 그의 저서 『향연』*에서 사랑에 대한 자신의 생각을 밝혔습니다. 플라톤은 사랑을 단순히 욕정이나 본능으로 바라보지 않았어요. 플라톤은 인간이 사랑을 하는 이유를 다음과 같이 밝혔습니다.

"우리는 상대를 위해 사랑하는 것이 아니라, 우리 자신을 위해 사랑한다. 스스로의 아름다움을 발견하고 경험하기 위해 사랑하는 것이다."

여기서 중요한 포인트는 '자신을 위해', '아름다움을 발견'하고자 사랑한다는 데 있습니다. 아마 오늘날 사람들이 플라토닉 사랑을 두고 금욕적·정신적인 사랑이라고 생각하는 이유도 여기서 비롯되지 않았을까 싶습니다. 아름다움이 육체적인 것과는 거리가 먼 고차원적인 영역이니, 플라톤은 육체보다는 정신적인 아름다움을 추구했으리라 여기는 것이지요. 그러나 사실 플라톤은 인간이 육체와 영혼으로 이뤄졌다고 생각했고, 영

---

* 원서 이름은 'Symposium'으로, 소크라테스와 그의 동료 및 후배들이 사랑에 대해 주고받은 이야기를 담고 있다. '심포지엄'이라는 단어의 어원이기도 하다. 오늘날 심포지엄은 다양한 관점을 가진 사람들이 특정 주제에 대해 논하는 토론회를 말한다.

혼은 자신이 표현하고자 하는 것을 육체를 통해 드러낸다고 보았지요. 둘 중 어느 하나만 중요하다고 말하지는 않았어요. 우리가 알고 있는 '플라토닉'의 일반적인 정의와는 꽤 다르지요?

그런데 이렇게 에로스와 플라토닉의 유래를 찾아보니 한 가지 공통적인 키워드가 있다는 사실을 알 수 있습니다. 바로 '아름다움'입니다. 에로스와 플라토닉은 사랑을 통하여 아름다움을 추구하고 있다는 점에서 같습니다. 육체적·정신적인 아름다움을 동시에 추구하려면 어떻게 해야 할까요? '몸짱', '얼짱'에, 기부왕만 사랑할 자격이 있을까요? 그런 말은 아닙니다. 아름다움에 대한 정의는 모두 다르고, 우리는 각자 아름다운 구석이 있어요.

중요한 건 무엇이 아름다운지 따져 보며 사랑해야 한다는 겁니다. 그저 되는 대로 본능에 온몸과 마음을 맡겨 휙 사랑을 저질러 보지 말고, 아름다움의 본질을 파고들어 봐요. 철학자가 삶과 사랑과 아름다움에 대해 고민하듯 우리도 사랑에 대해 깊이 생각해 보자는 말입니다. 그럼 사랑으로 인해 더욱 깊이 있는 삶을 살 수 있습니다. 저에게 플라토닉 사랑에 대해 질문했던 학생에게는 그런 고민이 부족했어요. 스킨십을 해야 하느냐, 정신적 사랑만 해서 되겠느냐는 질문에는 사랑의 본질에 대한 고민이 없었습니다. 저는 정신적인 사랑만 하라거나 육체적인 사랑은 잘못되었다는 말을 하고 싶지는 않습니다. 그저 '진짜 사랑을 하려는 것인지', 또 '어떤 사랑을 하고 싶은지' 묻고 싶을 뿐입니다.

° 사랑의 3요소에 주목하라

플라톤의 말대로 아름다움을 추구하는 사랑을 하려면 어떻게 해야 할까요? 처음에는 겉으로 보이는 육체적 아름다움을 보고 사랑에 빠지기 쉬워요. 사람이라면 상대방의 외모를 보고 호감을 갖는 게 당연하지요. 다만 오로지 외모만을 추구했을 때는 문제가 돼요. 우리는 영혼의 아름다움도 함께 추구해야 합니다. 겸손함, 따뜻함, 다정함처럼 눈에 보이지는 않지만 곁에 있으면 느껴지는 요소들을 살펴봐야 하지요. 이렇게 상대방의 영혼을 들여다보는 과정을 통해 내 안에는 어떤 아름다움이 있는지도 찾아보게 된답니다.

여기 이상적인 사랑에 대해 고민한 현대 심리학자가 있습니다. 미국의 로버트 스턴버그 Robert Sternberg 인데요. 그는 어떻게 하면 이상적인 사랑을 할 수 있는지에 대해 고민했고, '사랑의 3요소'를 통해 이를 설명해 냈습니다. 여기서 사랑의 3요소란 열정·친밀감·헌신을 말해요. 열정은 불타오르는 감정이며, 서로에게 성적인 매력을 느끼게 하는 요소지요. 친밀감은 심리적인 거리를 말해요. 열정으로 불타오르던 커플도 서로에게 친밀감을 갖고 익숙해지며 편안해지지요. 마지막으로 헌신은 상대방을 위해 양보하고 포기할 줄 아는 자세를 말해요. 열정과 친밀감을 갖춘 커플에게 양보하는 마음인 헌신까지 더해지면 그야말로 완벽하며 오래가는 사랑이 된답니다.

사랑의 3요소는 '사랑의 삼각형 이론'으로도 불리는데, 세 꼭지점이 있어야 삼각형이 이루어지듯 사랑도 마찬가지기 때문이에요. 열정·친밀감·헌신 중 어느 하나만 갖고 있다거나, 일부 요소가 하나만 빠져 있어도 뭔가 부족합니다. 예를 들어서 열정은 가득한데 친밀감과 헌신은 부족한 사랑을 떠올려 봐요. 상대방에게 반하기는 했지만 충분히 가깝지도 않고, 서로를 위해 양보도 하지 않는 사이가 되겠지요. 이런 사랑은 오래가지 못할 가능성이 높지요. 서로 친밀감을 갖고 있고 기꺼이 헌신할 마음이 있는데 열정이 부족한 상태는 어떤가요? 오래된 커플이나 부부에게서 이런 경향이 보일 가능성이 높겠네요. 시간이 지나면서 열정은 조금씩 잦아들었지만 서로에 대한 믿음과 배려가 충만한 사이 말이에요. 그래도 가장 이상적인 사랑은 열정과 친밀감, 헌신이 조화를 이루는 경우겠지요. 모든 요소를 갖추고 있다면 '성숙한 사랑'이라고 말할 수 있습니다. 만약 세 가지 요소 중 하나도 존재하지 않는다면 단호하게 말할 수 있습니다. '그것은 사랑이 아니다!'라고 말이에요.

어때요? 사랑이 그렇게 간단하고 쉬운 문제가 아니지요? 로버트 스턴버그는 육체적 사랑과 정신적 사랑을 조화롭게 추구해야 한다고 강조하고 있습니다. 정신적 사랑을 가짜라고 여겨서 육체적 사랑만을 떠올리는 것도 문제고, 정신적 사랑만이 고상하다고 여겨서 무조건 금욕적인 삶을 사는 것도 문제입니다. 앞서 저에게 질문한 학생처럼 정신과 육체를 구분하여 무엇이 더 옳은지만 따진다면, 행복한 사랑을 하기는 힘듭니다. 부디 아름답고 조화로운 사랑을 했으면 좋겠습니다.

뼈 때리는 심리학 포인트

에로스와 플라토닉 사이에서 갈등하는 그대,
진짜 사랑의 의미에 대해 고민해 봤는가?
열정·친밀감·헌신이 적절히 조화를 이루는
사랑의 3요소를 잊지 말자!

⑨ 트라우마

나쁜 기억이 머릿속을 맴돌아요. 어떡하죠?

원하지 않던 성 경험을 했던 기억이
자꾸 떠올라서 힘듭니다.
어떻게 이 상처를 극복할 수 있을까요?

청소년 쉼터에서 강연했을 때의 일입니다. 강연이 끝나고 나서, 지수라는 이름의 여학생이 저에게 질문이 있다고 했습니다. 길게 심호흡을 하고는 이렇게 말했어요.

"몇 달 전에, 남자 친구를 저희 집으로 불렀어요. 마침 부모님이 안 계셔서요. 그러다가 스킨십을 하게 되었는데요…."

이 말을 하고는 미간을 찡그렸습니다.

"그러다가 스킨십이 너무 진해지는 거예요. 저는 무섭기도 하고, 이래도 되는지 고민도 되고, 아무튼 걱정이어서 안 된다고 말했거든요. 여러 번 안 된다고 했는데, 남자 친구의 눈을 보니까 제 마음도 흔들렸어요."

어색한 침묵이 흘렀지만, 저는 기다렸습니다.

"남자 친구는 자기를 믿지 못하겠냐고, 사랑하지 않는 거냐고 계속 다그쳤어요. 이럴 거면 자기를 집으로 왜 불렀냐며 소리를 치더라고요. 저는 이럴 생각은 아니었다고 말했고 그 아이는 집으로 갔어요. 우리는 그 뒤로 헤어졌고요."

지수가 받았을 마음의 상처가 저에게도 생생히 느껴지는 듯했습니다. 그때의 기억이 계속 떠오르고 마음이 복잡할 게 뻔했습니다.

"남자 친구를 오해하게 한 저한테 책임이 있는 건가요? 저를 사랑해서 그랬겠지만… 저는 저를 몰아붙이던 그 애의 모습이 자꾸 떠올라서 힘들거든요. 친구들은 그냥 잊어버리라는데, 그렇게 안 돼요. 어떻게 해야 할까요?"

° 청소년의 성적 행위는 무조건 금지?

사연 속 친구의 이야기를 듣다 보면 앞서 살펴보았던 '가스라이팅 이론'을 떠올리게 됩니다. 그때 어떻게 하면 진도를 빨리 나갈 수 있냐고 물었던 찬호의 여자 친구는 마음이 어땠을까요? 당황스럽고 혼란스럽고 수치스러운 마음이 들었을지도 모릅니다. 바로 사연 속 여학생처럼요.

청소년은 성적 행위를 절대 해서는 안 될까요? 그렇지는 않아요. 청소년도 성적(性的) 자기 결정권을 가지고 있으니까요. (우리나라 헌법에서 성적 자기 결정권의 기준은 만 13세입니다.) 다만 권리에는 책임이 따릅니다. 인간이 '표현의 자유'를 갖고 있지만 다른 사람을 욕하고 위협해서는 안 되는 것처럼, 청소년이 성적 자기 결정권을 펼치려면 책임 의식을 가져야 해요. 그래서 몇몇 선진국에서는 어릴 때부터 성교육을 받도록 의무화하고 있습니다. 스웨덴에서는 4~5세 때 그림과 인형 등을 통해 남녀의 신체 구조를 배우고, 11~13세 때는 자위행위, 14~16세에는 태아의 발달과 피임법 등에 대해 배웁니다. 그런가 하면 독일은 초등학교 4~6학년 정도가 되면 콘돔 사용법과 성행위에 대해 구체적으로 배운답니다. 이들 나라에서는 단순히 몸의 문제에서 벗어나 마음의 문제까지 다뤄요. 감정·욕망·관계·권리 등

성행위와 관련된 다양한 주제를 생각해 보게 하지요. 그런 과정 속에서 청소년은 자신의 욕망이 자연스러운 것임을 이해하게 돼요. 또한 자신의 욕망뿐만 아니라 다른 사람의 욕망과 감정도 존중받아야 한다는 사실을 깨닫게 되지요. 서로의 욕망과 감정이 부딪칠 때 어느 한쪽이 힘으로 제압해서는 안 된다는 것도 알게 되고요.

그런데 사연의 주인공과 남자 친구는 이런 교육을 받지 못했어요. 사실 저도 마찬가지입니다. 현재 우리나라의 성교육이 스웨덴이나 독일처럼 체계적으로 이뤄지고 있지는 않은 게 현실이지요. 그렇다고 남자 친구의 행동이 용서되는 것은 아닙니다. 당사자가 거부하는데도 억지로 성행위를 하면 그것은 강간이에요. 연인이나 부부 사이에서도 의사에 반하는 성행위는 강간으로 봅니다. 법적으로 성폭력 사건에서의 쟁점은 두 가지입니다. '동의' 여부와 '폭행·협박' 여부지요. 사연의 주인공은 남자 친구의 요구에 거부 의사를 명확히 표현했고, 남자 친구는 소리를 치며 협박했어요. 분명 남자 친구는 지수에게 폭력을 행사한 겁니다.

다시 한 번 정리할게요. 청소년의 성적 자기 결정권은 존중받아 마땅합니다. 단, 자신이 책임질 수 있는 범위 안에서 말입니다. 다른 사람의 성적 자기 결정권을 박탈하며 성행위를 강요해서는 안 됩니다. 청소년의 성적 자기 결정권은 청소년이 그만한 정신적 성숙을 이뤘다는 전제를 바탕으로 하는데, 사연 속 남자 친구의 행동은 성숙과는 거리가 멀었습니다. 미성숙한 상태에서 성행위를 하면 상대방에게 상처를 받거나 내가 상처를 줄 수 있지요. 저에게 상담을 신청했던 학생 중에서는 '다 큰 어른 같은 느낌'을 갖고 싶어서 적극적으로 성행위를 했다고 털어놓은 친구가 있었어요. 부모님이 동정과 순결을 하도 강조해서, 기숙사 학교로 갔을 때 홧김에 성행위를 한 적이 있다는 친구도 있었지요. 무엇이 되었든 억압에서 벗어나기 위한 자유로운 선택으로 성행위를 하는 것은 좋지 않습니다. 성행위는 사랑을 표현하는 수단 중 하나지만, 다른 목적을 위한 수단이 되면 분명 문제가 되지요.

° '내 탓' 하지 마세요

고민 상담을 한 지수에게 저는 이렇게 말했습니다.

"문제를 해결하려면 진짜 문제가 무엇인지 알아야 해요."

지수가 고개를 끄덕였지요.

"잘못은 남자 친구의 행동에 있습니다. 남자 친구는 넘치는 사랑을 주체할 수 없어서 그런 행동을 한 게 아니에요. 호기심에 실수를 한 것도 아니고요. 분명 폭력을 저질렀습니다."

지수의 얼굴이 굳어졌습니다. 저는 이렇게 말했지요.

"그러니까, 본인에게 잘못이 있다거나 남자 친구의 마음을 헤아리지 못했다며 자책하지 말았으면 좋겠어요. 이제 중요한 문제는 본인에게 남은 트라우마입니다."

'트라우마'라는 말, 들어 보셨지요? 심리학 용어 트라우마는 과거에 겪은 충격적인 사건과 조금이라도 비슷한 상황이 벌어지면 그때의 감정을 다시 느끼면서 심리적으로 불안을 겪는 증상을 말해요. 트라우마에 사로잡힌 사람은 극심한 스트레스를 피하기 위해 도피하거나, 다른 무언가에 중독되기도 합니다. 좀 더 전문적인 다른 용어로는 '외상 후 스트레스 장애(PTSD, Post-Traumatic Stress Disorder)'라고도 말하지요. 트라우마로 인한 심리적 상처의 깊이는 사람마다 다릅니다. 신체적 상처가 가벼운 멍부터 아주 깊은 상처까지 다양하듯, 심리적 외상도 마찬가지예요. 그냥 부끄러워서 '이불킥' 하는 얕은 정도부터 심각한 우울증을 부르는 정도까지 다양하지요. 심리적 외상이 깊어지면 낮은 자존감·우울·분노·불면증·악몽 같은 비교적 가벼운 증상을 일으키기도 하고, 자해·알콜 중독·약물중독·자살과 같이 심각한 문제를 부르기도 하지요.

보통은 트라우마를 극복해야 한다고 말하는데요, 다 이유가 있습니다. 트라우마가 생기면 트라우마를 만들었던 특정 과거와 비슷한 상황에 민감하게 반응하게 돼요. 그러다 보면 불안감이 커지고 에너지가 고갈돼요. 긍정적으로 생각하고 대항할 에너지가 없어지니 우울증에 걸리기도 쉽고요. 세상에는 좋은 일과 나쁜 일이 있어요. 그런데 우울증에 걸리면 나쁜 일에 대해 더 민감하게 반응하게 되어서 끝없는 우울감에 빠지는 것이랍니다.

저는 트라우마에 대해서 알기 쉽게 설명해 주었지요.

"아, 그럼 그때의 일이 저에게 트라우마로 남았을 수 있겠네요."

"맞아요. 이제 문제는 남자 친구로 인해 받은 상처를 어떻게 극복할 것이냐에 있어요."

° 상처 입은 내 마음을 돌보는 방법

트라우마가 심각할 때는 일상생활에 지장을 주고 정신 건강에 위협이 되기 때문에, 반드시 해결 방법을 찾아야 해요. 그럴 때는 신경정신과 의사나 임상심리사 같은 전문가에게 상담을 받고, 적절한 치료 과정을 따라야 하지요. 몸의 병이 있을 때 내과나 정형외과를 가듯이 마음의 병이 있을 때에도 그에 맞는 병원이나 심리 상담소를 찾아야 하는 것은 당연해요.

그런데 살아가면서 누구나 크고 작은 트라우마에 사로잡힐 수 있거든요. 트라우마 자체를 두려워하기보다는 트라우마를 어떻게 극복할 것인지에 대해서 생각해 보는 것이 중요하답니다. 트라우마와 관련된 단어로 'GAT'가 있는데요. 이는 'Growth After Trauma'의 약자랍니다. 말 그대로 '트라우마를 통한 성장'을 의미하지요. 일부러 트라우마를 선택한 사람은 아무도 없어요. 일단 트라우마가 생겼다면 이를 극복하면서 성장의 발판으로 삼아 보려고 노력해야 합니다. 물론 저절로 되지는 않아요. 의식적으로 노력해야 하지요.

그중 대표적인 노력 하나는 생각하고 말하는 방식을 바꾸는 훈련입니다. 나쁜 일에도 좋은 면이 있다는 사실을 기억하고, 이를 실제 말할 때에도 적용하는 방식이지요. 예를 들어 '적어도'라는 단어를 의식적으로 넣어서 이야기하는 식인데요. 그러면 부정적인 실패에서도 '적어도 이런 교훈을 얻었다'는 긍정성을 찾을 수 있답니다. 사연 속 친구도 이런 방식을 적용하면 다음과 같이 말하고 생각할 수 있습니다.

"남자 친구는 나에게 성적 행위를 강요했고, 나는 상처를 받았어. 하지만 이게 부당한 요구라는 사실을 알았으니 '적어도' 다음에 또 이런 일이 생기면 당당하게 대처할 수 있어. 그리고 이성 친구를 사귈 때도 더 신중할 거야."

이렇게 생각을 펼쳐 나가면 고민을 해결할 실마리가 보입니다. 상대방이 잘못한 점은 무엇이고, 나는 어떻게 했어야 했는지 다시 한 번 고민해 볼 수 있거든요. 저는 지수에게 앞으로 이성 친구를 만날 때 조금 더 꼼꼼히 따져 보기를 권했습니다. 가스레인지 위에 있는 빨간 주전자를 만졌는데 너무 뜨거워서 손이 데인 적이 있다고 가정해 봐요. 그런데 어느 날에는 가스레인지에 파란 주전자가 있는 거예요. 이번에는 색이 다르니까 괜찮다고 막 만져 볼 건가요? 아니면 파란 주전자의 정체를 고민하고 따져 볼 건가요? 저는 후자가 맞다고 생각해요. 연애를 할 때도 내가 만나는 친구가 어떤 사람인지, 나와 맞는지 잘 살펴봐야지요. 더불어서 사귀는 사람과 성적 행위를 할 때도 단호하고 명확해야 한다고 귀띔했습니다. 스킨십에 대해서 서로 이야기를 나누어야 하고, 본인이 생각하는 선이 있다면 상대가 오해하지 않도록 명확하게 말해야 한다고 말이에요. 거절은 절대 잘못된 행동이 아니니, 의사를 단호하게 밝혀야 한다고도 말했지요.

원하지 않았던 성 경험이 자꾸 기억나서 힘들다면, 원하지 않았다는 그 사실에 집중했으면 합니다. 상대가 원하는 대로 해 줘서 더 가까워졌다거나, 상대가 원하는 대로 해 주지 않아서 멀어졌다는 생각은 하지 마세요. 그 일로 인해 내가 상처를 입었다는 사실에 집중하면, 앞으로 어떻게 해야 할지 길이 보입니다. 전문가를 찾아 구체적인 상담을 받으면서 상대를 어떻게 대해야 할지, 또 나는 어떻게 상처를 극복할 수 있을지 깨닫게 될 겁니다.

> **뼈 때리는 심리학 포인트**
>
> 내 잘못이라고, 내가 잘했어야 한다며 화살을
> 나에게 돌려서는 안 된다.
> 원하지 않았던 성 경험으로 인해
> 나에게 트라우마가 생겼다는 사실에만 집중하고,
> 해결할 수 있는 방법을 적극적으로 찾아야 한다.
> 트라우마는 누구에게나 생길 수 있다.
> 극복의 과정이 중요하다!

성폭력 대응 매뉴얼

청소년 성폭력 피해자의 경우, 어디에 도움을 청해야 할지조차 막막할 때가 많습니다. 이런 상황에서 제일 먼저 해야 하는 일은 실질적인 도움을 줄 수 있는 곳을 찾는 일입니다. 문제를 해결할 수 있는 경찰에게 연락을 하는 것도 하나의 방법입니다. 경찰의 보호 아래 가해자를 법적으로 처벌할 방법을 찾아볼 수 있지요. 피해자의 신변을 보장하는 지원 프로그램도 마련되어 있습니다.

상담을 통해 몸과 마음의 상처를 치유할 방법을 찾을 수도 있어요. 여성긴급센터(1366번)나 주요 도시에 있는 해바라기센터에서 성폭력에 관해 상담받을 수 있습니다. 해바라기센터는 365일 언제든지 성폭력·가정 폭력 등의 피해자에게 의료 상담과 법률 자문 등을 지원합니다. 그뿐만 아니라 여러분이 사는 도시 내에도 성폭력 상담소가 마련되어 있는 경우가 많은데요.

인터넷 검색창에 도시 이름과 '성폭력 상담소'를 함께 붙여 검색하면 쉽게 찾을 수 있습니다. 이 기관들은 피해자에게 심리적 안정을 줄 뿐만 아니라, 응급조치와 법적인 대응까지도 돕습니다. 심각한 문제로 떠오른 청소년 성폭력을 해결하고자 공공 기관에서도 여러 지원 방안을 마련해 놓고 있다는 사실을 꼭 기억하세요. 참고로 여성가족부 홈페이지(mogef.go.kr)에서 '아동·청소년 성폭력 대응 매뉴얼'을 검색하면, 더 자세한 성폭력 대응 매뉴얼을 찾아볼 수 있습니다.

여자 친구가 임신했어요. 저 어떻게 해요?

여자 친구가 임신을 한 것 같습니다.
자꾸 저한테 어떻게 하냐고 묻는데,
저라고 방법이 있겠냐고요!
도망치고만 싶습니다. 어떻게 하지요?

어느 날, 상담소를 찾은 준수라는 남학생이 다급히 고민을
털어놓았습니다.

"여자 친구가 자기 임신 같다고, 같이 병원에 가자고 해요."

"일단 함께 병원에 가야 하는 것 아닌가요?"

"잘 모르겠어요. 장난은 아닌 것 같아요. 너무 진지하거든요.

어떻게 해야 할지…"

저는 단호한 목소리로 말했습니다.

"장난이든 아니든 함께 병원에 가 봐야지요."

"처음엔 저도 그렇게 생각했어요. 그런데 무서워요. 솔직히 여자 친구가 좀 알아서 해결했으면 좋겠는데, 저한테 자꾸 물어봐요. 능력만 있으면 저도 책임지고 싶어요. 하지만 전 학생 이잖아요. 어떻게 해야 할지도 모르겠고… 계속 여자 친구와 싸우게 돼요. 요즘엔 여자 친구 전화도 피하고 있어요."

"여자 친구와 헤어지고 싶나요?"

"그건 아니에요. 얼른 문제를 해결하고, 여자 친구와 잘 지내고 싶어요."

제가 공감한다는 듯이 고개를 끄덕이자자, 준수는 마음이 놓였는지 솔직하게 이야기했습니다.

"저한테 매달리는 여자 친구를 보면 마음이 너무 무거워요. 그러다가도 죽어 버리겠다고 난리 치는 여자 친구가 무섭기도 해요. 시간은 계속 가는데, 어떻게 해야 할까요?"

° 임신, 그리고 '책임을 진다'는 것

준수의 고민을 듣는 내내 마음이 정말 무거웠습니다. 어쨌든 문제를 해결해 보겠다며 상담소에 왔으니 수많은 무책임한 이들보다는 나았습니다. 그러나 이 상황을 어떻게 헤쳐 나가야 할지 아무것도 모른다는 사실은 같았습니다. 우왕좌왕하다가 결국 이렇게 말해 버릴지 모릅니다. "나도 몰라. 뭐 어쩌라고!"

지금껏 임신 문제로 상담을 해 왔던 여학생들은 더욱 적극적으로 행동했습니다. 임신인 것 같으면 먼저 임신에 대한 정보를 찾았지요. 인터넷에는 정보가 많습니다. 생리가 늦어지고 유두가 아프면 일단 임신 테스트기를 사서 해 봐라, 마지막 관계 후 2주 뒤에 테스트기를 해야 한다, 희미하게라도 두 줄이 나오면 꼭 병원에 가야 한다…. 혼자서 수많은 정보 속을 헤매다 보면, 점점 불안해지기 일쑤지요. 물론 산부인과에 가면 정확한 진단을 받을 수 있지만, 그곳에 가기까지가 쉽지 않습니다. 임신을 진단하거나 부인과 질병을 치료하려는 여성이라면 누구나 가는 곳이 산부인과인데도 십 대 여학생에게 심리적 거리는 멀기만 합니다.

어렵게 산부인과를 찾았다고 해도 딱히 답이 나오진 않지요. 초음파나 피검사를 통해 임신 진단이 나오면 의사는 바로 산모·아이의 상태와 주의사항 등을 알려 줍니다. 하지만 그 모든 말들이 당사자의 귀에 들어올 리 만무합니다. 한 번도 생각해 보지 않은 '임신'이라는 단어에 눈앞이 하얘지고, 앞으로 어떻게 해야 할지 몰라 머릿속이 멍해져요.

그런 상태에서 남자 친구에게 연락을 하면 어떤 상황이 벌어질까요? 준수와 같이 겁을 먹고, 심지어 숨어 버리는 남자도 많습니다. 여자 친구와 연락을 끊어 버리는 것이지요. 그러면 여학생은 더 큰 불안감에 빠지며 차분하게 자신의 상황을 바로 볼 수 없게 됩니다. 임신을 걱정하는 순간부터 내내 혼자 불안해했으니 당연하지요.

저는 준수와 상담하면서도 준수의 여자 친구가 걱정되었습니다. 준수도 힘들겠지만, 지금 더욱 힘들어하고 있을 여자 친구를 위해 앞으로는 모든 결정을 함께하기를 권했지요. "네 몸에 아기가 있는 거니까 네가 결정해. 내 잘못이 크니까 나는 그대로 따를게." 이런 태도도 안 된다고 말했어요. 이건 상대방의 결정을 존중하는 게 아니라, 책임을 미루는 태도지요. 앞으로 무엇이든 함께하겠다는 결심, 그것이 여자 친구의 불안감을 덜어 줄 수 있다고 강조했어요. 그게 같이 책임을 지는 것이라고요.

° 무책임을 부르는 부적절한 자아 방어 기제

애초에 임신을 막을 수 있는 방법도 분명 있어요. 콘돔 같은 피임 기구도 있고, 여성이 피임약을 먹는 방법도 있지요. 하지만 스킨십에 한창인 수많은 남자와 여자들은 피임에 대해 크게 고민하지 않습니다. '성 경험'이라고 하면 일단 절정의 쾌락, 자극적인 장면을 상상하게 마련입니다. 성행위로 인해 임신이 될 수도 있다는 생각은 끼어들 틈이 없지요. 손쉽게 살 수 있는 콘돔을 구비하지 않거나, 분위기를 망치고 느낌을 떨어뜨린다는 이유로 콘돔 착용을 피하는 일이 잦아요. 하루 한 알씩 먹는 피임약은 빼먹기도 쉽고, 속이 울렁거리는 등의 부작용으로 인해 멀리하게 됩니다. 모르고, 귀찮고, 힘들다는 이유만으로 피임은 머릿속에서 밀려납니다. 그러다 임신이라는 문제가 생기면 남녀 둘 다 혼란스러워하지요. 서로의 책임이라고 미루기도 하고, 특히 남자 쪽이 일방적으로 연락을 끊기도 합니다. 아마 임신 사실을 알고 나서 '잠수'를 타는 남자들 이야기를 심심찮게 들어 보았을 거예요. 정말 무책임하다고요? 심리학에서는 이런 상황을 그냥 무책임하다는 말로 정리하지 않습니다. '부적절한 자아 방어 기제'를 쓰고 있다고 하지요.

'자아 방어 기제'는 외부에 위험한 일이 생기면 자신을 보호하기 위해서 마음이 방패 삼아 만드는 생각이나 행동을 말합니다. 자아 방어 기제 자체가 나쁜 것은 아닙니다. 자기를 방어할 줄 알아야 상처를 받았을 때도 무너지지 않을 테니까요. 그러나 부적절한 자기 방어는 좋지 못한 결과를 불러옵니다. 문제를 인정하고 해결하여 성장할 수 있는 기회를 없애 버리니까요. 부적절한 방식으로 자기 방어를 하게 되면 비슷한 문제를 또 일으키고, 또 상처받고, 또 회피하게 됩니다. 삶이 점차 나쁜 방향으로 흘러가게 되지요.

부적절한 자기 방어 기제로는 '억압'이 있습니다. 너무 고통스럽고 충격적인 일을 마주하면, 마치 그 일이 없었다는 듯이 무의식적으로 마음 저편에 억지로 밀어 넣는 것을 말합니다. 아무렇지 않은 체하며 친구들과 어울리고, 다른 일을 하지요. 임신을 삶의 중심에 놓고 해결 방법을 찾아야 할 때, 아무렇지 않은 듯 태연하게 행동하는 남자 친구의 심리를 억압을 통해서 설명할 수 있습니다. 무의식에서의 억압 때문에 아예 임신 사실을 기억하지 않는 것이지요.

'부정' 또한 부적절한 방어 기제입니다. 부정은 정말로 그 일이 없던 것처럼 적극적으로 부인하며 받아들이기를 거부하는 행동을 이르는 말입니다. 예를 들어, 사랑하는 사람이 죽었을 때 "그 사람은 죽지 않았어." 하고 사실을 받아들이지 않으며 거부하는 식으로 말이지요. 일부 남성의 경우 사귀는 여성이 임신했을 때 자기 아이일 리 없다거나, 정말 임신일 리 없다는 식으로 반응하기도 하는데요. 도망치기 위해 구실을 찾는 것도 맞지만, 일단 심리적 충격을 줄이기 위해 부정하는 면이 큽니다. 미성숙한 자아 방어 기제인 억압과 부정이 생활화된 사람과는 거리를 두는 편이 좋습니다. 그렇지 않으면 내가 상처를 입을 수 있거든요.

°같이 결정하고, 함께 헤쳐 나간다는 것

임신 문제에 있어서 회피하고 부정하는 태도가 옳지 않다는 사실은 여러분도 잘 알고 있겠지요. 위드맘 한부모가정 지원센터 이효천 대표의 2019년 인터뷰에 따르면 약 70%의 여성 청소년이 혼자 임신을 감당한다고 합니다. 덴마크나 스웨덴, 핀란드 같은 나라에서는 있을 수 없는 상황이에요. 이 나라들은 국가가 양육비를 먼저 양육자에게 지급하고, 그다음에 비양육자를 상대로 양육비를 청구하는 제도를 시행하고 있거든요. 이런 제도는 양육자를 보호하고 비양육자에게 임신에 대한 책임감을 높이는 효과는 있습니다. 우리나라도 법적인 장치가 반드시 강화되어야 합니다. 아이를 떠맡지 않으려는 비양육자에게 책임을 지워야지요. 또한 아이를 기르려는 양육자는 제대로 지원해 주어야 하고요.

하지만 청소년의 경우에는 임신을 했을 때 당황할 수밖에 없습니다. 누군가의 도움을 받지 않고는 혼자서 문제를 해결할 수 없는 상황이기 때문이에요. 그럼 준수는 이제 어떻게 해야 할까요? 먼저, 회피나 부정으로 낭비할 시간이 없음을 깨닫고, 앞으로 어떻게 해야 할지 성숙한 판단을 해야 합니다. 자기 자신의 인생, 상대방의 인생, 아기의 인생까지도 고려하여 최선의 결정을 내려야 하지요. 자신의 힘으로 버겁다면 도움을 줄 수 있는 사람에게 도움을 요청하는 것이 가장 좋은 방법입니다. 인터넷 게시판을 떠돌 게 아니라, 정확한 상식을 갖고 실질적인 도움을 줄 수 있는 사람을 찾았으면 해요. 믿을 수 있는 학교 선생님이나 가족에게 이야기하거나, YMCA 청소년 상담실·미혼모 센터 등의 문을 두드려 보기를 권합니다. 정부에서는 청소년 임신과 출산을 지원하는 정책들을 마련해 놓고 있으니, 꼭 적절한 기관에서 상담을 받은 뒤에 앞으로의 방향을 고민했으면 해요.

잘 모르는 사람에게 임신 사실을 털어놓기가 부담스럽다고요? 청소년 임신과 관련된 상담 센터에서 근무하는 상담사 분들은 다양한 상담 및 해결 경험을 갖고 있어요. 그분들이 상담을 요청하는 이들의 잘못을 추궁한다거나, '반드시 이렇게 해야 한다'고 강요하지는 않으니 안심하세요. 정확한 정보를 얻고 정서적인 지원을 받는다는 생각으로 마음 놓고 상담 센터의 문을 두드려 보았으면 좋겠습니다. 이곳에서 아이를 낳아서 기르는 것뿐만 아니라 입양, 피치 못할 사정으로 해야 하는 수술에 대한 정보까지도 얻을 수 있습니다. 미혼모 센터 중에서는 숙식 제공은 물론이고 미술 치료·강연·기술 교육 등을 받을 수 있도록 도와주는 곳도 많아요. 꼭 자신이 사는 곳의 미혼모 센터가 아니어도 상관없으니, 인터넷 정보를 검색한 뒤에 후기가 많고 평가가 좋은 곳을 찾아서 우선적으로 선택했으면 해요.

어떤 선택을 하든, 청소년 미혼모와 미혼부가 함께 결정했으면 좋겠습니다. 둘이 힘을 모은다고 해도 벅찰 테니, 상담 기관의 도움을 받았으면 좋겠고요. 자신의 힘으로 모든 것을 해결해야 한다고 생각하면 정말 막막할 거예요. 혼자라고 생각하며 자책하는 미혼모·미혼부는 없기를 간절히 바랍니다. 청소년 미혼모·미혼부를 돕는 일은 우리 사회가 당연히 해야 할 일이에요.

뼈 때리는 심리학 포인트

먼저, 함께 문제를 해결하겠다는
그 태도가 중요하다.
도망다니면서 낭비할 시간이 없다.
도움을 줄 수 있는 사람을 찾아서
최선의 결정을 내려야 한다.

⑪ 자아 정체성

동성에게 끌리는 저, 문제가 있는 걸까요?

저는 여자인데, 여자가 좋아요.
사람들의 시선이 두렵습니다.
저에게 정신적으로 문제가 있는 걸까요?
저는 앞으로 어떻게 해야 할까요?

익명의 여학생이 연구소 홈페이지에 공개된 이메일로 사연을 보내 왔습니다.

"저는 동성에게 끌려요. 사람들이 손가락질할까 봐 무섭지만, 어쩔 수 없어요. 저, 정신적으로 문제 있는 건가요? 제가 하는 것도 사랑 맞나요?"

언젠가 남학생이 비슷한 사연을 보낸 적도 있었어요. 사실 저도 청소년기에 정체성에 혼란을 겪었던 적이 있었어요. 심지어 저를 두고 '여성스럽다'고 하는 말이 듣기 싫어서 스무 살 넘어 특수부대에 지원했지요. 그렇게 예민하게 반응했던 기억 때문인지 성 정체성과 관련된 문제는 그냥 넘길 수 없었어요. 한편으로는 제 딸과 있었던 일이 떠올랐습니다. 어느 날 저녁, 중학교 3학년 된 딸이 진지한 목소리로 폭탄 선언을 했지요.

"너무 놀라지 마, 아빠. 나는 '젠더퀴어(genderqueer)'야. 트라이젠더(trigender)라기보다는 젠더플루이드(genderfluid)에 가까운데, 그냥 젠더퀴어라고 알고 있어도 돼."

"젠더퀴어가 뭐야?"

"음, 난 여자도, 남자도, 양성애자도 아니야. 성 정체성에 대해 초탈해 사는 사람이지."

"네가 동성애자이든 이성애자이든 아빠는 너의 행복을 바랄 뿐이야. 그런데 네가 젠더 프리라고 성 정체성을 확실히 정하기 전에 묻고 싶은 게 있어."

"젠더 프리가 아니라 젠더퀴어라니까."

"아무튼, 너 남자도 여자도 아니라면서 왜 남자 아이돌을 그렇게 좋아해? 그리고 BL(Boys Love, 남성의 동성애를 소재로 한 여성향의 만화, 소설, 게임 등의 장르) 팬픽 열심히 보는 것도 알아.”

딸은 얼굴이 빨개졌어요. 저는 딸과 성 정체성에 관한 이야기를 이어 갔습니다.

° 멋있어서 '퀴어'가 되겠다고?

우리 집에는 남자 아이돌 그룹 응원봉과 굿즈가 여러 개 있습니다. 딸아이는 틈이 날 때마다 브이로그를 보고, 팬클럽에 가입하고, 콘서트를 가요. 앞서 말했던 것처럼 남자 아이돌을 주인공으로 삼은 팬픽을 즐겨 보기도 했고요. 저는 이렇게 말했습니다. “내가 보기에 너는 이성애자 같아. 이성애자가 아니라도 심각하게 받아들일 필요는 없어. 하지만 성 정체성이 타인과 다른 게 멋져 보여서 이러는 거라면, 그건 심각한 문제야. 이 문제에 대해 깊게 생각해 보았으면 좋겠어.” 딸의 얼굴은 더욱 빨개졌어요. 그러더니 밤새 고민하며 자신의 성향을 객관적으로 확인하려고 노력하더라고요. 다음 날, 딸은 이렇게 말했습니다. “아빠, 어제 내가 한 말은 잊어 줘. 나 이성애자 같아.”

딸이 이 글을 보면 저에게 화를 낼지도 모르겠어요. 왜 이 사건을 책에 쓰냐며 말이에요. 딸은 이때의 일을 '흑역사'로 기억하고 있거든요. 그런데 왜 굳이 이 사건을 꺼냈냐고요? 성 정체성에 대해서는 신중하게 접근해야 한다는 점을 강조하고 싶었습니다. 성 정체성을 통해 자신의 독특함과 특별함을 과시하려는 태도는 좋지 않다고 생각해요. 사연 속 여학생의 고민은 깊고 진지했습니다. 지면을 통해서 여러분과도 한번 이야기를 나눌 주제라는 생각이 들었어요.

세상에는 이성애자의 숫자가 압도적으로 많아요. 그래서 동성애자나 양성애자, 트랜스젠더(자신의 육체적인 성과 정신적인 성이 반대라고 생각하는 사람) 등을 '성 소수자'라고 합니다. 경제협력개발기구(OECD)가 만든 보고서 『한눈에 보는 사회상 2019(Society at a Glance 2019)』를 보면, 동성애자·양성애자·트랜스젠더 등의 성 소수자 인구는 세계 성인 인구의 2.7% 정도였습니다. 한편 성 소수자를 아우르는 포괄적인 단어로 퀴어(Queer)가 있는데, 이는 원래 '이상한', '색다른'을 뜻해요. 2019년 6월 1일에는 퀴어 축제 20년을 기념하는 자리가 서울광장에서 열렸지요. 그런데 특정 종교 단체를 중심으로 한 세력이 퀴어 축제를 두고 금지 가처분 신청을 했습니다. 특히 '동성애자'를 저격하면서, 청소년들이 호기심에 서울광장을 방문했다가 동성애자가 될 수도 있다고 우려했지요. 동성애를 마치 쉽게 전염될 수 있는 병으로 본 것이지요.

글쎄요. 저는 동성애를 전염병으로 여기는 시선에는 동의하기 어렵습니다. 동성애가 바이러스처럼 퍼져 나간다면 성 소수자의 수가 폭발적으로 늘어나야 할 텐데, 그렇지는 않습니다. 동성애를 다루는 영화도 많고, 동성애를 당당히 밝히는 사람들도 늘어나고 있습니다. 그럼 더욱 동성애가 확산되어야 맞지요. 동성애가 전염병이라면 제약 회사에서는 백신을 만들어서 돈을 벌기 위해 난리를 쳤을 겁니다. 하지만 그렇지 않지요. 전염병이 아니기 때문이에요. 퀴어를 인정하면 에이즈(AIDS, HIV 바이러스로 인해 걸리는 후천성면역결핍증)가 창궐할 것이라고 두려워하는 사람들도 있습니다. 그런데 동성애가 에이즈의 주된 감염 경로인지에 대해서는 밝혀진 바가 없습니다. 에이즈의 감염경로는 이성·동성 간 성 접촉, 마약 주사 공동 사용, 수혈 등 다양하지요.

그런가 하면 어떤 이들은 동성애가 전염병은 아니지만 정신병에 속한다고 보기도 합니다. 이는 이성애자를 '정상'으로, 퀴어를 '비정상'으로 보는 시선에서 비롯됩니다. 저는 철학자 미셸 푸코^{Michel Foucault}의 논리를 빌려, 여기에 답하고 싶습니다. 그는 정상과 비정상을 나누는 행위는 권력의 문제라고 보았어요. 권력이 있는 개인이나 집단이 어떤 것을 정상이라고 정해 버리면, 나머지는 비정상이 될 수 있다는 겁니다. 예전에 서양에서 노예제도가 당연하게 여겨지고, 노예를 두는 게 정상이던 시절이 있었습니다. 지금 노예를 운운하면 이상한 사람 취급을 받지요. 이렇듯 정상과 비정상은 시대나 장소에 따라 달라질 수 있습니다. 정상과 비정상을 나누는 절대적인 기준이 있지는 않다는 말입니다.

그런데도 동성애자를 이성애자로 바꾼다는 '동성애 전환 치료'가 종종 시행되기도 합니다. 여기에는 동성애를 질병으로 보는 시각이 깔려 있지요. 그러나 의학계는 동성애 전환 치료가 성 소수자를 죽음으로 내몰 수도 있다고 경고합니다. 미국 UCLA 대학의 연구에 따르면 이 치료가 우울증과 자살 충동을 불러올 수 있다고 해요. 동성애 전환 치료를 받은 십 대 청소년의 약물중독 위험이 높다고도 경고했지요. 이 치료는 이미 학계에서는 과학적 근거가 없다는 비판을 받으며 인정받지 못하고 있습니다. 저는 사연 속 청소년에게 동성애는 질병이 아니라고 이야기하고 싶어요. 오히려 우리 사회가 성 소수자를 비정상으로 보는 태도를 경계해야 한다고 강조하고 싶습니다.

° 자아 정체성은 한순간에 결정되지 않는다

2009년 한 남자 고등학교에서는, 목소리를 가늘게 내며 퀴어 성향을 보인다는 이유로 동급생들로부터 폭행당한 남학생이 자살하는 사건이 있었습니다. 이렇듯 우리나라의 성 소수자는 사회적 편견에 가로막혀 고통을 받는 경우가 많습니다. 2018년 SOGI법정책연구회가 발간한 보고서『한국 LGBTI(성소수자, Lesbian·Gay·Bisexual·Transgender·Intersex) 인권 현황 2018』을 보면, 성 소수자를 배려하는 제도 관련 지표인 '무지개 지수'가 11.7%로 낮게 나타났어요. '완전한 평등'인 100%보다 '심각한 인권침해와 차별'인 0%에 훨씬 가까운 수치지요. 영국·프랑스·핀란드 등이 70%대인 것에 비교해 보면 한국 사회가 얼마나 성 소수자에게 가혹한지 알 수 있습니다.

이렇게 힘든 상황에 놓였는데도 왜 성 소수자는 자신의 성 정체성을 바꾸지 못할까요? 성 정체성은 기본적으로 자기 자신에 대한 생각인 자아 정체성에 포함됩니다. 자아의 문제이기 때문에 다른 사람의 강요로 바뀔 가능성이 적어요. 세상이 성 소수자를 싫어하는 분위기이니 그 사실을 밝히기는 두려울 수 있지만, 자신이 성 소수자라는 사실을 끝까지 부정하기는 힘들어요. 본능적인 욕망을 거부할 수 없으니까요. 이성애자가 이성에 대한 욕망을 버리지 못하는 것처럼 말입니다.

그럼 성 정체성은 언제 확립될까요? 심리학자 에릭 에릭슨 Erik Erikson의 연구에 따르면, 자아 정체성은 일순간에 결정되는 게 아니라고 합니다. 일단 2세에서 3세의 어린 나이에 기초적인 성 정체성이 형성되는데, 이때는 자기의 신체를 중심으로 단순하게 성 정체성에 대해 생각하는 정도라고 해요. '나는 남자의 성기를 갖고 있으니 남자야.' 하는 식으로 말이지요.

사춘기에 들어서서 '나는 누구인가'에 대한 고민이 깊어지면서 자아 정체성에 대해 고민하게 되고, 그러면서 신체보다는 자신의 심리에 주목하게 된다고 보았습니다. 이때부터 평생 동안 긍정과 부정의 감정을 번갈아 가며 경험하고, 나름대로의 깨달음을 차곡차곡 쌓으며 자아 정체성이 형성된다고 강조했지요. 원래 가진 성적 본능에 여러 변수가 더해져 자아 정체성이 확립되는 것입니다. 시간이 지나면서 성 정체성을 포함한 자아 정체성은 더욱 확실해져요. 퀴어가 멋져 보인다며 단 몇 달 고민하고 '난 퀴어야.'라고 급작스럽게 선언한다고 해서 정말 자신의 자아 정체성이 퀴어인 것은 아니라는 말입니다. 성 정체성의 형성은 이렇듯 단순한 문제가 아니에요.

° 나는 누구인지, 내 마음에 귀 기울이기

제게 사연을 보낸 친구와 비슷한 고민을 하는 이가 있다면, 저는 혹여나 자기가 병에 걸리지 않았는지 고민하지는 말라고 이야기하고 싶어요. 그보다 저는 그 친구에게 자신의 성 정체성을 확인하고 인정하는 것부터 시작하라고 조언하고 싶습니다. 나 자신이 누구이고, 정말로 어떤 사람을 사랑하는지에 대해 고민해 보는 거예요.

사실 청소년기에는 동성에게 빠질 수 있는 확률이 큽니다. 또래 집단의 영향을 많이 받는 시기잖아요. 이때는 친구들 사이에서 인기가 많은 동성 친구를 우러러보고 좋아하기도 해요. 동경하는 마음과 사랑하는 마음을 잘 구별하지 못하는 것이지요. 로버트 스턴버그가 이야기한 '사랑의 3요소' 기억하나요? 그가 이야기한 사랑의 조건은 열정·친밀감·헌신인데, 이 조건을 갖추면 동성 친구 사이에서도 사랑을 느낄 수 있습니다. 친구끼리 종종 "사랑한다, 친구야!" 하고 말하기도 하니까요. 그런데 3요소 중 '열정'의 요소를 살폈을 때 상대에 대한 성적 본능이 강하게 느껴지는 것이 아니라면, 흔히 말하는 동성애는 아닐 확률이 큽니다.

예전에 동성을 좋아한 적이 있는데 다시 이성이 좋아져서 자기가 '양성애자'는 아닌지 고민하는 친구들도 있지요. 그때는 남녀 모두에게 강렬한 사랑의 마음을 느끼는지 고민해 보아야 합니다. 남자와 여자에게 끌리는 정도가 다르고, 성적 본능도 어느 한쪽에 더욱 강하게 느껴질 수도 있어요. 그러면 양성애자라고 보기는 힘들지요. 만약 같다면 그때는 양성애자의 범주에 들 수도 있겠지만요.

성 정체성에 대해 또 한 가지 알아 두었으면 하는 것이 있어요. 성 정체성으로 혼란을 겪는다면, 다른 사람들의 말에 휘둘리고 있지는 않는지 생각해 보았으면 해요. 앞서 이야기했듯 저도 청소년기에 '여자 같다'는 타인의 평가를 들으며 저의 성 정체성을 고민했던 적이 있습니다. 그 때문에 일부러 남자다운 척을 하겠다며 특수부대에 갔다 왔을 정도지요. 하지만 나이가 점차 들면서 다른 사람이 보는 나와 진짜 나는 다르다는 생각이 들더라고요. 저의 성 정체성도 이런 과정을 거쳐 확립되었습니다. 타인의 말보다는 내 마음이 무엇을 원하는지 살펴보기를 바라요.

혹시 성적 지향이 자신과는 다른 듯한 사람을 '비정상'이라고 생각하는 친구들에게도 하고 싶은 말이 있습니다. 여러분은 사랑이 자유를 바탕으로 해야 한다는 말에는 동의할 겁니다.

요즘 같은 시대에 집안에서 정해 준 사람과 결혼하며 자유를 박탈당하고 싶지는 않을 테지요. 그런데 내 사랑에는 자유가 있다고 생각하면서, 다른 사람의 사랑에는 자유가 없어야 한 다고 주장하는 행동은 어떤가요? 이것은 모순이 아닐까요?

만약 자신이 동성애자를 비롯한 성 소수자라는 생각이 들었 다면, 억압이 아닌 자유를 향해 나아갔으면 합니다. 다른 사람 들로 하여금 상처를 받았던 적이 많았으리라 생각합니다. 하지 만 앞으로는 자신의 생각을 지지해 주는 사람들을 많이 만나 게 될 거예요. 그런 사람들이 사회의 인식도 바꿔 갈 것이라고 예상합니다. 주체적으로 자신의 성 정체성을 탐구하고 고민하 는 여러분을 응원하고 지지합니다.

뼈 때리는 심리학 포인트

'내가 병에 걸린 걸까?' 하고 고민하지는 말자.
자신의 성 정체성을 탐구하는 일은 중요하다.
그것은 나 자신이 누구인가에 대한 고민이기도 하다.
다만 성 정체성은 한순간에 결정되지 않으므로,
시간을 두고 오래 고민해야 한다.

모든

일에는

안녕.

⑫ 이별의 5단계

헤어졌습니다. 너무 힘들어요.

남자 친구와 헤어졌습니다.
최악의 이별이에요. 남친이 잠수를 탔거든요.
고작 이 정도밖에 안 되는 남자를 좋아했다니,
자괴감이 들어요. 너무 힘들어요.

사귀던 사람과 헤어진 뒤에 상담을 받는 사람이 많습니다.

은수도 그런 경우였지요.

"헤어졌어요. 너무 우울해요."

"좋아하는 사람과 헤어졌는데 당연히 우울할 수 있지요."

은수의 목소리가 점점 떨리기 시작했습니다.

"아뇨, 끝이 너무 안 좋았어요. 처음에는 잘해 줬거든요. 그런데 100일 좀 지나니까 시들해지더라고요. 전화해도 잘 받지 않고, 메시지 보내도 '안읽씹'이 일상이고…."

깊은 한숨이 이어졌습니다.

"그러더니 어느 날부터는 아예 잠수를 타더라고요. 인스타 팔로우도 끊고."

'고스트 이별(ghosting)'은 바로 이런 상황을 가리키는 말입니다. 상대가 일방적으로 연락을 끊고 유령처럼 갑자기 사라지는 이별을 말하지요. 결국에는 집 앞에서 남자 친구를 기다렸다가 만났다고 했습니다.

"그냥 제가 싫어져서 연락을 끊은 거래요. 이미 헤어지기로 마음먹었는데 꼭 제 동의를 얻어야 하는 건 아니라고 말하더라고요."

저는 은수가 어떻게 이별을 인정하고 슬픔에서 벗어나고 있는지를 알아야 했습니다. 그래서 어떻게 했냐고 물었더니, 은수는 격앙된 목소리로 말했습니다.

"뻔뻔하게 말하는 모습에 헛웃음이 나더라고요. 고작 그런 이야기를 듣자고 집까지 찾아간 제가 한심하고, 그런 애한테 마음을 줬던 제가 미웠어요."

은수의 입가가 심하게 떨렸습니다.

○ ┈┈┈┈┈┈┈┈┈┈┈┈┈┈┈┈┈┈┈┈┈┈┈┈┈┈┈┈┈┈┈ ⇒

° 이별 후에 거치는 5단계

저는 잠시 은수의 말을 멈추었습니다.

"잠깐만요. 왜 남자 친구보다 스스로를 더 미워하는 것 같지요? 예의 없이 연락을 끊은 사람은 남자 친구인데."

"그런 애 때문에 이러는 제가 더 싫어서 그래요."

은수는 남자 친구와 연락이 끊어졌다는 불안감에 오래도록 시달리다가, 결국 비난의 화살을 자신에게 돌린 듯했습니다. 소통할 수 없는 남자 친구에게 헤어진 이유를 묻기보다는 자기 자신에게 이별의 책임과 원인을 묻기 시작한 겁니다. 저는 이별을 어떻게 받아들여야 하는지 심리학적 관점에서 이야기해 주어야겠다는 생각이 들었습니다. 그때부터 다양한 형태의 이별에 대한 공통적인 대처법을 설명하기 시작했습니다.

이별에 대한 대처법을 이야기하기 전에, 먼저 이별의 원인부터 살펴봅시다. 여러분도 알다시피 이별의 이유는 참 다양하지요. 무관심·질투·불안·권태·성격 차이·포용심 부족·오해·다른 사람의 등장….

그런데 심리학 연구에 따르면 이별의 이유는 저마다 달라도, 헤어지고 마음 정리를 하기까지 보통 5단계를 거친다고 합니다. (그래서 저는 치료 효과를 높이기 위해, 이별 때문에 상담을 받으러 온 사람들에게 이별의 원인을 묻기보다 현재 5단계 중 어느 단계에 있는지를 알아내는 데 더욱 집중하지요.) 부정·분노·타협·우울·수용이 바로 그것이지요.

이러한 과정을 거치며 이별의 슬픔을 극복하게 됩니다. 물론 모든 사람이 이 다섯 단계를 순서대로 같은 기간 동안 겪지는 않아요. 누군가는 대뜸 분노부터 하고, 누군가는 타협하는 과정 없이 바로 우울로 빠져들기도 합니다. 다만 심리학에서는 평균적으로 사람들이 이별로 인한 슬픈 상처에서 벗어나는 과정을 5단계로 정리해 놓았을 뿐이지요.

자, 그럼 각각의 단계를 한번 살펴볼게요.

1. 부정

이별 후의 첫 단계는 '부정(否定)'이에요. 헤어짐을 인정하지 않는 상태지요. 잠시 사이가 멀어진 것이라고 믿거나, 애정 싸움을 했을 뿐이라 여기고 기다리기도 해요. 상대방이 언제든지 마음을 고쳐먹고 돌아올 것이라고 착각하는 상태가 제일 심각합니다. 이 모든 게 부정의 단계에서 보이는 모습이지요.

이별을 부정하는 것도 미성숙한 대처 방법이에요. 이별이라는 현실을 부정하면 고통스러운 시간만 늘어납니다. 자꾸 현실을 부정하면 예전과 다른 상황을 맞닥뜨리며 상처만 입게 될 거예요. 힘들지만 부정의 단계에서 벗어나고, 현실을 바로 보아야 합니다.

2. 분노

부정에서 벗어났다고 해서 곧바로 이별을 담담하게 수용하기는 힘듭니다. 시도 때도 없이 헤어진 상대에 대한 '분노'가 치밀어 오르게 마련이지요.

"감히 나를? 지가 뭔데?"

"내가 좋다고 할 땐 언제고 이제 와서 헤어지자고?"

이런 식으로 적대감과 함께 분노를 드러내게 돼요. 분노의 감정을 다 쏟아내고 나면 평화가 찾아오지 않느냐고요? 그렇지 않을 수도 있습니다. 계속해서 분노를 표출하다 보면 정신적으로 피폐해지고, 많은 에너지를 쓴 탓에 신체적으로 기운이 빠지기도 하니까요. 나를 떠난 상대에게 화가 나는 것은 어찌 보면 당연합니다. 하지만 계속 분노만 해서는 성숙한 단계로 나아갈 수 없어요. 상대를 위해서가 아니라, 자기 자신을 위해서 분노를 가라앉혀 봅시다. 상대방이 한때는 내가 좋아했을 만큼 괜찮은 사람이었다는 사실을 떠올려 봐요. 다시 말하지만, 이 모든 것은 상대를 위해서가 아니라 자기 자신을 위해서입니다.

3. 타협

다음은 상대를 향한 분노의 마음과 '타협'하는 단계입니다. 문제는 상대가 나름 괜찮은 사람이라는 생각에 이르게 되면, 다시 되찾고 싶은 마음이 든다는 데 있습니다. 그래서 이 단계에서 로맨틱한 이벤트를 갑자기 준비하여 연락한다든지, 몰래 관찰한다든지, 심지어는 다시 만나 달라고 협박하는 경우도 있습니다.

하지만 상대 입장에서 생각해 보세요. 헤어진 사람이 갑자기 자기에게 애원하거나 협박을 한다고 해서 다시 좋아하는 마음이 생길까요? 단언컨대 비호감을 더 많이 느낄 겁니다. 그러니 타협 단계는 가능한 한 빨리 건너뛰는 게 좋아요.

4. 우울

부정해 봤고, 분노를 표출해 봤고, 타협도 해 봤지만 소용 없음을 깨달은 뒤에는 '우울'이 몰려옵니다. 이제 무엇을 해도 상대방과 다시 사랑을 나누는 사이가 될 수 없음을 인정하는 단계지요. 그러면 이게 '수용'이냐고요? 아직 아니에요. 담담한 수용보다는 격한 슬픔이 훨씬 큰 단계예요.

"나는 이제 평생 혼자 살 것 같아."

"앞으론 더 좋은 사람을 만날 수 없을 것 같아."

"내가 다시 누구 사귀나 봐라."

우울의 단계에서는 끊임없이 이런 생각을 하고, 주변 사람에게도 자주 한탄해요. 하지만 인생이 어디 그렇던가요? 이별을 했더라도 언젠가는 또다시 다른 사람과 사랑을 하는 경우가 더욱 많습니다. 혹은 홀로서기에 성공하여 행복한 삶을 살기도 하고요. 어떤 방식으로든 이별을 극복할 확률이 매우 높다고 말하고 싶어요. 그런데도 우울 단계에서는 앞으로도 불행할 것이라며 자신의 슬픔에만 집중하게 됩니다.

5. 수용

드디어 이별을 받아들이는 마지막 단계, '수용'입니다. 수용

단계에 이르면 헤어졌어도 나름대로 괜찮게 살 수 있다고 믿게
되지요. 상담사의 역할도 내담자가 수용 단계에 빨리 이르도
록 돕는 데 있습니다. 사람은 사람으로 잊는다는 말이 있지요?
수용 단계에서 다른 사랑을 찾는 게 지난 사랑을 잊는 데 가장
효과적이랍니다. 헤어진 지 얼마 되지 않아서 너무 빨리 다른
사람을 소개받으면 잘될 확률이 적어요. 이전 사람에 대한 분
노, 슬픔 때문에 새로운 사람에 집중하기 힘들기 때문이지요.
그리고 사람인지라, 비교를 하게 되어 그 사람 자체를 제대로
보기가 힘듭니다. 그래서 헤어지고 나서 새로운 연애를 하기까
지 조금은 시간을 두는 게 좋아요. 적당한 애도의 시간은 새로
운 행복을 위해 도움이 됩니다.

지금까지 이별의 다섯 단계를 알아보았어요. 이별을 극복하
려면 시간이 필요합니다. 이별의 다섯 단계를 하루아침에 다 경
험할 수는 없지요. 단, 자신의 노력과 주변의 도움으로 그 시간
을 줄일 수 있습니다. 이때 자신이 이별 후의 어느 단계에 있는
지 확인하면서 극복해 가면 더욱 도움이 됩니다.

이별을 실패라고 생각하나요? 길게 보면 실패가 아니에요.
오히려 더 깊은 사랑을 하기 위한 경험이라고 할 수 있지요. 연

애 경험이 한두 번 있는 친구라면 제 말에 고개를 끄덕일 거예요. 이별의 슬픔도 언젠가는 지나가게 마련이라는 인생의 진실 말이에요.

∘ 이별 공포에서 벗어나기

지금까지는 실연을 당한 입장에서 이별을 어떻게 받아들여야 하는지 이야기했는데요. 사실 연애를 하다 보면 이별을 먼저 말해야 할 때도 있습니다. 헤어지고 싶은데 헤어지지 못하고 억지로 계속 만나는 건 좋지 않습니다. 심리학에서는 이렇게 이별 자체가 무서워서 피하려는 심리를 '이별 공포'라고 해요. 이별 공포는 혼자가 된다는 두려움, 낯선 사람과 새로운 관계를 시작해야 한다는 부담감, 새로운 사람을 만날 자신이 없다는 낮은 자존감 등 여러 이유로 생기지요. 심리학자들은 이별에 의한 슬픔보다 이별 공포를 더욱 심각하게 여깁니다. 이별 공포는 이별을 통해 더욱 성숙해질 수 있는 기회를 막지요. 행복하기 위해 사랑을 한 것인데, 이별이 무섭다고 불행한 사랑을 선택해서야 되겠어요? 그건 나뿐만 아니라 상대방의 인생도 망가뜨리는 길이에요. 그러니까 상대에게 마음이 떠났으면, 깔끔하게 이별을 고해야 하지요.

이때 주의할 게 있어요. 처음 사랑을 시작할 때처럼 이별을 할 때도 자신의 마음을 확실히 고백해야 한다는 겁니다. 고스트 이별은 하지 말았으면 합니다. 외로움에 대한 두려움까지 나누려고 하지는 말자고요. 내가 상대를 더 사랑할 힘은 없어도, 사랑을 잘 마무리할 용기는 낼 수 있잖아요. 또한 되도록 문자보다는 직접 만나서 차분하게 이야기를 나누는 방식을 추천합니다. 이별 문자를 받은 상대방이 자기 입장에서 추측하면서 괜히 오해를 키울 수도 있거든요. 만나서 이야기하기 힘들다면 문자보다는 전화가 더 나아요. 최대한 감정이 상하지 않도록 이별 의사를 전달할 수 있는 방법을 찾아야지요.

이제 입장을 바꿔 볼까요? 만약 고스트 이별을 당했다면 어떻게 해야 할까요? 자신의 의사와 상관없이 예의 없는 이별을 겪게 되었다면, 그런 사람과는 이별하는 게 오히려 더 낫다는 사실을 인식할 필요가 있어요. 나를 더 이상 사랑하지 않는 사람에게 미련을 가질 필요는 없지요. 단, 왜 그런 사람에게 마음을 빼앗겼는지는 철저히 분석할 필요가 있습니다. 그래야 또다시 비슷한 사람과 사랑에 빠져서 상처를 입는 일은 없을 테니까요. 저는 고스트 이별을 당한 사연 속 여학생에게도 상대의 어떤 점이 좋았는지 분석해 보라고 조언했습니다.

결국 헤어지자고 말하는 사람이나, 헤어짐을 당하는 사람 모두에게 필요한 것은 '용기'입니다. 상황을 바로 보고, 이별 공포에서 벗어나야 서로를 위한 좋은 이별을 할 수 있지요. 이별의 5단계를 거치고 내적으로 성숙한다면 분명 다음에는 더 나은 사랑을 할 수 있습니다. 인생에 있어서 사랑과 이별의 과정은 성숙을 위한 과정이기도 하답니다.

뼈 때리는 심리학 포인트

먼저, 잠수 탄 사람과는 이별하는 게 낫다는 사실을 인정하라.
그다음, 이별 후의 5단계 중 내가 어디에 머물러 있는지 나를 살펴야 한다.
단, 왜 잠수를 타는 사람에게 마음을 빼앗겼는지는 철저히 분석할 필요가 있다.

이별의 슬픔은 뇌가 느낀다

° 뇌가 이별을 받아들이지 못하는 이유

이별하면 가슴이나 심장이 아프다고들 하지만, 사실 과학적으로 고통과 슬픔은 '뇌'가 느끼는 거예요. 콜롬비아대학 인지신경과학자인 에드워드 스미스 Edward Smith 의 2011년 연구에 따르면, 이별을 한 다음에는 이성적 판단을 하는 뇌의 전두엽이 덜 활성화된다고 합니다. 그 대신 감정을 주로 처리하는 변연계가 더욱 활성화되지요. 변연계에서 분비되는 옥시토신 등의 호르몬은 헤어진 그 사람과 마치 함께하고 있다는 느낌을 갖게 합니다. 그래서 이성적으로 마음을 다잡아도 자꾸 그 사람의 얼굴과 목소리, 즐거웠던 일이 생생하게 떠오르지요. 이 느낌은 이성적인 판단을 흐리게 합니다.

원래 뇌는 행복을 좋아합니다. 사랑은 친밀감·애착·헌신·열정·기쁨을 느끼게 해 주잖아요. 그러니 뇌는 사랑을 쉽게 포기하지 못합니다. 이별을 받아들이면 뇌가 좋아하는 '긍정적 감정'이라는 보상과 멀어지니까요. 이별을 받아들이기가 힘든 이유는 여기에 있습니다.

° 감정을 해독하는 방법

이별을 받아들이는 동안 뇌에서는 옥시토신, 세로토닌 같은 긍정적인 호르몬이 아니라, 코르티솔이나 에피네프린 같은 스트레스 호르몬을 방출합니다. 그래서 예민해지고, 우울해지고, 몸과 마음의 에너지가 부족해져요. 특히 뇌에서 코르티솔 호르몬이 많이 분비되면 근육에 혈액 공급을 늘리기 위한 신호를 보내게 되는데요. 심하면 근육 경련이 일어나고, 공황 상태에 빠지기도 하지요. 이렇게 심하지는 않더라도 긴장·두통·가슴 통증·현기증·신체 피로 등의 증상은 흔하게 일어납니다. 의사나 상담가는 보상 시스템을 정상화하고 에너지를 얻을 수 있는 방법으로, 새로운 사람을 만나거나 취미 활동을 하기를 권하지요. 심리학에서는 이별 후의 상처 치료를 '감정적 해독'이라고도 하는데요. 새로운 사람과의 만남은 감정적 해독이 이뤄진 다음에 가능해요.

어떻게 감정적 해독을 할 수 있냐고요? 감정적 해독은 이별을 복기하는 데서 시작됩니다. 바둑 한 판이 끝난 다음에 자신과 상대방의 선택을 다시 확인하는 복기를 하듯이, 사랑이 끝나면 이별의 이유를 확인해 보는 것이지요. 복기는 남 탓을 하려고 하는 게 아니에요. 자기 탓을 하기 위해서는 더더욱 아니지요. 혹시나 자기의 정체성과 연관되어 이별을 할 수밖에 없는 요소가 있었는지 점검해 보는 거예요. 예를 들어, 여러분의 꿈이 디자이너라고 해 봅시다. 그런데 상대가 자꾸 디자인을 무시하는 발언을 했다면 어떨까요? 공부를 열심히 해서 심리학자가 되고 싶었는데, 상대가 자기 꿈을 지지해 주지 않는다면요? 이별이 마냥 슬픈 일만이 아니라, 필연적으로 생길 일이었다는 생각을 하면 감정적으로 받아들이기가 쉬워집니다. 이렇듯 복기를 할 때는 연애하는 동안 서로가 서로에게 얼마나 긍정적인 영향을 주었는지를 따져 봐야 해요. 만나서 즐겁게 논다고 다가 아니지요.

그러다 보면 자연스레 나의 정체성이 무엇인지에 대해 고민해 보게 될 겁니다. 누군가의 애인이 아닌, 나 자체가 누구인지를 차분하게 살피는 과정이 필요하지요. 이런 과정이 감정 정리에도 큰 도움이 됩니다. 이별 직후에 겪은 사건들을 차분하게 기록하고, 앞으로 이별이 미칠 영향을 최대한 객관적으로 적은 뒤에 읽어 보세요. 글쓰기는 감정적인 사건을 더욱 이성적으로 판단할 수 있게 도와줍니다. 이런 행동은 뇌에 긍정적 감정이라는 보상을 줄 수 있어요. 이별 후에 자신의 감정을 잘 정리해야, 새로운 상대를 만나 행복할 수 있답니다.

사랑할 줄 몰랐던 '어른이'의 고백

° **사랑은 심리학자에게도 쉽지 않았다**

제 연애의 역사는 스무 살로 거슬러 올라갑니다. 그때 저는 사랑에 별로 관심이 없었어요. 그저 심심하고 외로우니까 누군가를 만나야겠다는 생각 정도만 갖고 있었지요. 그러다 우연히 친구에게 지금의 아내를 소개받아서 사귀게 되었고, 7년간 연애한 끝에 결혼하게 되었습니다. 참 평범하고 행복한 사랑 이야기 같다고요? 실상은 그렇지 않았어요. 연애하는 동안은 물론이고, 결혼한 뒤에도 바람 잘 날이 없었습니다. 미성숙한 두 사람이 사랑을 하다 보니 충돌이 잦았던 것이지요. 제 인격이 미성숙한 데는 성장 배경이 한몫했어요.

전 육남매의 막내였어요. 자식이 워낙 많다 보니, 저는 부모님의 관심과 애정에 늘 목이 말라 있었지요. 게다가 큰형이 동네에서 이름날 정도로 공부를 잘해서, 부모님의 관심은 큰형에게 쏠려 있었어요. 저는 공부를 그다지 잘하지 못했고요. 부모님과의 애착 관계가 안정적이지 못했던 저는 사람을 잘 믿지 못했습니다. 자존감도 낮았지요. 그래서 누군가를 길게 만나지 못했습니다. 그냥 활달한 척, 잘난 척, 멋진 척하다가 상대가 관심을 보이면 도망쳐 버렸어요. 초라한 제 모습이 드러날까 봐 두려웠거든요.

그러다가 지금의 아내를 소개받았습니다. 저는 아내에게 호감을 느꼈지만, 오래 함께하고 싶은 생각은 별로 없었어요. 그저 오늘 만나서 즐거웠으니 내일도 만나 보자는 식의 가벼운 마음이었지요. 사실 연애가 가벼운 일은 아니잖아요. 내 인생뿐만 아니라 상대방의 인생에도 커다란 영향을 끼칠 수 있으니까요. 하지만 그때 저는 사랑에 대해 깊게 생각하지 않았어요. 그러다 보니 의도치 않게 상대방에게 상처를 주는 일이 잦았지요.

어느 순간 결혼을 하기로 마음먹었을 당시에는 서로의 마음이 사랑이라고 확신했어요. 저는 아직 대학원생 신분이었기 때문에 돈이 많지 않았지만, 빨리 결혼하고 싶었습니다. 그렇게 마음먹은 데는 이유가 있었어요. 저는 부모님으로부터 언어폭력과 신체적 폭력에 시달리는 아내를 하루빨리 구해 내고 싶어서 청혼했고, 아내는 집에서 제대로 인정받지 못하는 막내인 저를 안쓰러워하며 받아들였습니다. 우리는 그게 사랑이라고 믿었어요. 그때 우리는 서로에게 '어둠'이 아닌 '빛'을 나눠 주는 게 사랑이라는 사실을 몰랐어요. 결혼을 하고 함께 살면서 서로의 어두운 부분을 맞닥뜨리게 되면 예민하게 반응하다가 지쳐 갔습니다. 심지어 부부 싸움을 할 때는 그 어둠을 무기로 공격하기도 했지요.

"내가 사랑을 못 받고 컸다는 거 알면서, 나한테 이 정도밖에 못 해?"

"당신은 상처 주는 말을 잘해. 당신이 어릴 때부터 상처를 받으면서 자랐기 때문이겠지."

이렇게 자기 파괴적인 말이나 상대의 어둠을 공격하는 말을 거침없이 뱉었어요. 그러면서도 사랑을 확인하겠다며 진한 스킨십을 하기도 했고요. 그러는 사이 우리에게 경제적인 위기가 닥쳤고, 결혼 생활은 지옥으로 변해 갔습니다.

"이러려고 결혼했냐?"

이런 말이 절로 나왔지요. 그런데 엎친 데 덮친 격으로 아내가 아이를 갖게 된 겁니다. 임신은 축복할 일이 분명하지만, 아직 돈을 벌지 못하는 제 처지를 생각하면 막막함부터 몰려왔지요. 다행히 시간이 지나 저는 일자리를 갖게 되었고, 직장에서 인정받아 연봉도 꽤 높아졌습니다. 대신에 육아는 오로지 아내의 몫이었어요. 제가 회사에 매여 있는 시간이 점점 늘어났고, 가정에도 소홀해졌습니다. 참다못한 아내는 또 이렇게 한탄했습니다.

"이러려고 결혼했냐?"

급기야 저는 늘 불만인 아내에 지쳐서 이혼을 결심했습니다.

° 행복한 사랑의 조건을 실행하는 일

이혼하자고 입 밖으로 꺼내기 전에 저는 지나온 삶을 다시 정리해 봤습니다. 입으로는 늘 사랑을 말했지만, 돌이켜 보니 정말 사랑해서 행복한 날이 많지 않았습니다. 그 이유는 무엇인지 생각해 봤지요. 그리고 우리 부부에게는 사랑하고 싶은 마음만 있었지, 사랑하는 기술이 없었다는 결론에 이르렀습니다. 애착 관계가 제대로 형성되지 않은 자신을 제대로 보는 방법, 상대에게 어둠이 아닌 빛을 나눠 주는 방법, 스킨십을 욕망의 배출이 아니라 사랑의 표현으로 활용하는 방법…. 눈치챘나요? 이 책에는 제가 인생을 살면서 겪은 시행착오를 바탕으로 얻게 된 교훈들이 담겨 있습니다.

다행히 우리 부부는 이혼하지 않았습니다. 내 잘못을 인정하고 나니, 문제를 해결할 방법이 눈에 들어오더라고요. 지금은 행복한 사랑을 할 수 있는 기술을 실행하며 살고 있습니다. 노력은 아주 작은 데서 시작됐지요. 예전에는 돈을 많이 벌어서 아내에게 잘해 줘야겠다고 생각했는데, 지금은 돈이 없어도 할 수 있는 일을 찾아봅니다.

"당신, 커피 좋아하잖아. 내가 직접 볶고 내려 줄게."

이렇게 커피 마니아인 아내에게 제가 직접 로스팅한 커피를 내놓는 식이지요. (이때의 경험이 쌓여 지금은 카페를 차렸고, 우리의 사랑이 담긴 커피를 다른 손님들에게 드리고 있답니다.) 말하는 방식도 바꾸었어요. 이제 아내는 제 어린 시절의 애착 관계를 들먹이며 상처를 주지 않습니다. 그럴 시간이 있으면 저의 글을 칭찬하지요. 저는 아내의 성장 배경을 들먹이며 비난을 퍼붓지 않고, 아내의 그림을 칭찬해 줍니다. 이런 날들이 쌓여서 저는 작가가, 아내는 미술 치료사 겸 화가가 되었지요.

어떻게 부부가 관계를 회복할 수 있었을까요? 우리 사이의 문제를 해결해야겠다고 다짐한 뒤로, 저는 '마음 가는 대로' 사랑하지 않았습니다. 왜 갈등이 일어났는지 분석했고 어떻게 해야 하는지 계획을 세웠지요. 여러분도 그저 사랑하는 마음만 있으면 된다는 생각은 버렸으면 해요. 나를 앞세워서 자기 마음대로 하는 사랑이 오히려 위험합니다. 그렇다고 해서 상대를 무조건적으로 배려하면 된다고 생각하지도 말았으면 해요. 사랑의 관계에서는 둘 다 동등하게 주인공이에요. 상대방을 생각하는 마음에 내 자신이 뒤로 밀려나면, 어느 순간 억울한 마음이 듭니다. 그러다 상대를 견딜 수 없는 순간이 와요. 희생은 심리적인 억압을 낳고, 억압받은 사람은 어떻게든 그것을 분출하려고 합니다. 공격적인 행동을 보이거나 정반대로 우울증을 겪기도 하지요. 이런 사랑의 끝은 당연히 이별이겠지요.

이 모든 걸 알았더라면 더욱 현명하게 사랑할 수 있었을 텐데요. 아직도 저는 과거에 잘못했던 일들이 떠올라 휘청거리기도 합니다. 지금 알았던 것을 예전에도 알았더라면 어땠을까 후회하기도 하지요. 그래서 저의 딸들에게 사랑에 대해 자주 이야기해요. 여러분에게도 도움이 되었으면 하는 마음으로 이 책을 쓰게 되었습니다.

부디 이 책이 여러분의 시행착오를 줄이는 데 도움이 되었으면 좋겠습니다. 사랑의 원리를 제대로 알고 사랑을 해야 행복할 수 있어요. 행복할 수 있는 원리를 알고, 그 방법을 선택하고, 실행할 수 있었으면 합니다. 여러분의 더 나은 선택과 실행을 응원합니다.

잘 지내니?

너는 나에게
좋은 추억이 되었고,
나는 다시
앞으로 나아가려 해.

그동안 고마웠어.

앞으로도,

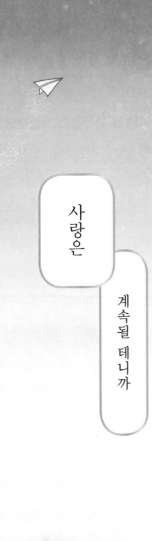

사랑은 계속될 테니까

부록

부록 1_

나 자신을 사랑하게 만드는
긍정적 강점 찾기 테스트

다음은 자신의 강점을 생각해 볼 수 있는 심리검사지로, 마틴 셀리그만 Martin Seligman 박사의 강점 발견 검사를 한국 실정에 맞게 바꾼 것입니다. 다음 각 문항에 대해서 5점 척도로 대답해 주세요. 점수는 다음과 같이 매기면 됩니다.

나에게 정확하게 맞는다: 5점

나에게 어느 정도 맞는다: 4점

보통이다: 3점

나에게 잘 맞지 않는다: 2점

나에게 전혀 맞지 않는다: 1점

1. 용감성과 용맹

(1) 나는 강한 상대와 맞서는 일이 종종 있다. (   )

(2) 고통이나 실패에 대한 두려움 때문에 내 능력을 제대로 발휘하지 못
하는 경우가 종종 있다. (   )

2. 인내 (노력 혹은 끈기)

(1) 나는 한번 시작한 일은 반드시 끝을 맺는다. (   )

(2) 나는 일이나 공부를 하다가 종종 옆길로 샌다. (   )

3. 진정성 (정직함)

(1) 나는 언제나 약속을 지킨다. (   )

(2) 친구들이 내게 '너는 참 솔직하다.'라고 말한 적은 없다. (   )

4. 열정 (활력 또는 열의)

(1) 나는 내가 하는 모든 일에 열정적으로 달려든다. (   )

(2) 나는 맥이 빠진 채 그냥 시간을 흘려보내는 일이 많다. (   )

5. 용서와 자비

(1) 나는 지나간 일에 대해서는 마음에 담아 두지 않는다. (   )

(2) 나는 당하고는 못 산다. 꼭 내가 당한 만큼 갚아 준다. (   )

6. 겸손과 겸양

(1) 사람들이 나에 대해 칭찬하기 시작하면 나는 화제를 바꾼다. (   )

(2) 나는 내 자신의 성취나 성공에 대해 종종 말하곤 한다. (   )

7. 신중함 (분별력 혹은 조심성)

(1) 나는 신체적으로 위험한 활동은 피하는 편이다. (   )

(2) 나는 때때로 친구 사이나 연인 관계에 있어서 후회할 만한 일을 한

다. (   )

8. 자기통제

(1) 나는 나의 기분이나 감정을 잘 조절할 수 있다. (   )

(2) 나는 다이어트나 금연을 시도한다 해도 그것을 끝까지 지켜 나가기

가 힘들다. (   )

9. 호기심 (세상사에 대한 폭넓은 관심)

(1) 나는 이 세상에 대해 늘 호기심을 가진다. (   )

(2) 나는 쉽게 싫증을 내는 편이다. (   )

10. 학습 욕구 (배움에 대한 사랑)

(1) 나는 새로운 것을 배울 때면 매우 신나고 기분이 좋다. (   )

(2) 나는 박물관이나 특별 강연 등 무언가 배울 수 있는 곳을 굳이 찾아
다니지는 않는다. (   )

11. 판단력 (열린 마음 혹은 비판적 사고)

(1) 어떠한 주제에 대해서든 나는 마음만 먹으면 상당히 합리적인 생각
을 할 수 있다. (   )

(2) 나는 때로 성급한 판단을 내리는 편이다. (   )

12. 창의성 (독창성·똑똑함·세상 물정에 밝음)

(1) 일을 처리하는 데 있어서 새로운 방법을 생각해 내는 것을 좋아한다.
(   )

(2) 대부분의 내 친구들은 나보다 더 상상력이 뛰어나다. (   )

13. 통찰력

(1) 나는 언제나 사물의 다양한 측면과 큰 그림을 볼 수 있다. (   )

(2) 나에게 고민을 상담해 오거나 내 충고를 듣고자 하는 사람은 거의 없
다. (   )

14. 책임감 (시민 의식·팀워크·충성심)

(1) 나는 어떤 그룹의 일원으로 일할 때 최선을 다해 일한다. (   )

(2) 나는 내가 속한 그룹의 이익을 위해 내 개인적인 이익을 희생하고 싶
지는 않다. (   )

15. 공정성과 공평함

(1) 나는 신분의 높고 낮음과 상관없이 모든 사람들을 균등하게 대한다.
(   )

(2) 만약 내가 누군가를 싫어한다면, 나는 그 사람을 공평하게 대하기가
힘들다. (   )

16. 리더십

(1) 나는 사람들에게 싫은 소리를 하거나 다그치지 않고서도 그들이 함
께 어떤 일을 하도록 잘 이끌 수 있다. (   )

(2) 여러 사람이 함께 어떤 일을 하는 데 있어서 내가 앞장서서 일을 추진
하는 것은 왠지 어색하다. (   )

17. 사랑하기와 사랑받기

(1) 내 인생에는 나의 삶과 행복에 대해 자기 자신의 삶과 행복만큼이나

생각해 주고 배려해 주는 사람들이 있다. (　)

(2) 나는 다른 사람들의 사랑을 받아들이는 데 불편함을 느낀다. (　)

18. 친절과 너그러움

(1) 나는 지난 한 달 동안 내 주변에 있는 사람을 자발적으로 도와준 적이 있다. (　)

(2) 나는 다른 사람이 얻은 행운에 대해 진심으로 기뻐해 준 적이 거의 없다. (　)

19. 사회성

(1) 나는 어떤 자리에서든 어떤 사람들과든 잘 어울릴 수 있다. (　)

(2) 나는 내 주변 사람들의 기분이나 감정을 눈치 빠르게 얼른 파악해 내는 능력이 부족하다. (　)

20. 심미안

(1) 지난 한 달간 나는 훌륭한 음악이나 미술, 영화, 공연, 또는 뛰어난 스포츠나 과학적 발견 등에 매료되거나 감탄한 적이 있다. (　)

(2) 나는 지난 일 년 동안 아름다운 어떤 것을 만들어 낸 적이 없다. (　)

21. 감사

(1) 나는 자그마한 일에도 늘 감사한다. (   )

(2) 나는 내가 얼마나 복 받은 사람인지에 대해 생각해 본 적이 별로 없다. (   )

22. 낙관성 (희망 혹은 미래 지향성)

(1) 나는 어떤 일이든 항상 그 일의 좋은 면을 보려 한다. (   )

(2) 나는 내가 원하는 것을 이루기 위해 면밀한 계획을 세워 본 적이 거의 없다. (   )

23. 쾌활성과 유머

(1) 나는 가능하면 일을 노는 것처럼 즐거운 마음으로 하려 한다. (   )

(2) 나는 농담을 거의 하지 않는다. (   )

24. 영성 (목적의식 혹은 경건함)

(1) 나의 삶에는 분명한 목적이 있다. (   )

(2) 나의 삶에 어떤 절대적 존재가 부여한 소명 같은 것은 없다. (   )

◆ 채점 방법

각 항목별 점수는 (1)의 점수 + (6점 - (2)의 점수)입니다.

예를 들어 21번 '감사' 항목에서 (1)에 5점, (2)에 1점을 주었다면 이 항목의 점수는 10점이에요. 이런 식으로 계산해서 가장 점수가 높은 세 가지를 뽑아 봐요. 혹시 동점이 여러 개 있다면, 그중에서 여러분의 마음에 드는 것을 선택해도 좋아요.

이 심리검사를 통해 확인한 여러분의 강점은 무엇인가요?

1순위: (   )

2순위: (   )

3순위: (   )

가끔 '나는 뭐 하나 잘하는 게 없어.'라고 말하는 친구들이 있습니다. 하지만 장점이 없는 사람은 없어요. 테스트를 통해 여러분의 강점을 객관적으로 확인해 보았나요? 이제 자기 자신에 대해 자존감을 가져요. 누군가를 사랑하기 전에 여러분 자신부터 사랑해 보는 겁니다.

1위부터 3위까지 강점 순위를 매겼지만, 6점 이하인 경우

아직 확실한 강점이 있다고 말하기는 힘든 상황이에요. 지금부터는 여러분의 강점을 더 발전시킬 수 있는 방법을 생각해 보는 게 좋아요. 사랑하는 사람과 행복을 나누기 위해서는 먼저 내 강점을 알아야 해요. 나 스스로 준비해야 할 몫이지요.

물론 연인이 내가 강점을 찾을 수 있도록 도울 수도 있습니다. 상대방의 강점이 나에게 긍정적인 영향을 미칠 수 있지요. 하지만 이 경우에도 강점을 찾는 주체는 어디까지나 자기 자신이어야 합니다.

강점 검사에서 각 강점 총점이 6점 이상으로 나온 경우

여러분은 확실한 강점을 갖고 있어요. 이제 여러분의 강점을 더욱 발전시키기 위해 어떤 사람을 만나야 할지 고민할 때입니다. 먼저 자신과 비슷한 강점을 가진 사람을 만나는 방법이 있어요. 1위부터 3위까지 똑같은 강점을 가진 사람을 만나라는 말은 아니에요. 강점이 하나만 겹쳐도 공통적인 특징을 갖고 있기에 서로를 더욱 잘 이해할 수 있습니다. 동질감을 느끼며 안정적으로 사랑을 키워 나갈 수 있지요. 상대의 다른 강점을 배울 수도 있고요.

반대로 자신과 다른 강점을 가진 사람을 만나는 것도 좋아요. 다름을 잘 받아들이면 더욱 재미있고 유익한 관계를 나눌 수 있지요. 물론 상대방의 강점을 열린 마음으로 받아들여야 한다는 전제가 있어야 합니다. 만약 여러분이 '용맹성'이 있어서 저돌적으로 파고드는 강점이 있다고 해봐요. 이런 분들이 '통찰력'이 있는 사람을 만나면, 그 용맹성이 무모함으로 망가지지 않도록 도움을 받을 수 있답니다. 용맹성에 통찰력이 더해지면 더욱 빛나는 결과가 나오겠지요.

가장 좋은 강점의 짝은 누구인가

여기에는 정답이 없습니다. 사람마다 추구하는 가치가 다르기 때문이에요. 앞서 '용맹성'과 '통찰력'의 조합을 예로 들었지만, '용맹성'을 가진 사람이 또 다른 강점을 가진 사람을 만나면 그 나름대로의 시너지 효과가 난답니다. 어떤 사람에게 특정 강점의 짝이 어울린다고 정하기는 어려워요. 하지만 자신의 강점과 상대방의 강점을 제대로 알고 있으면, 서로 어떻게 도움을 주고받을 수 있는지 파악할 수 있답니다.

나와 사귀는 (혹은 사귈) 사람이 앞으로 강점을 더욱 잘 발휘할 수 있도록 돕는 상상을 해 보세요. 그리고 그 상상을 현실로 만들기 위해 필요한 과제에는 무엇이 있는지 떠올려 보세요. 시합 전에 경기를 상상하며 연습하는 운동선수의 이미지 트레이닝처럼 말이에요. 그럼 연애라는 실전에서 정말로 효과가 있답니다.

사랑을 더 깊고 넓게 만들어 주는 질문들

심리학자 아서 아론Arthur Aron은 연인이 서로를 이해하고 가까워질 수 있도록 도와주는 36개의 질문을 개발했습니다. 이 질문들은 2015년 초반, 《뉴욕타임즈》에 공개되어 큰 반향을 일으키기도 했지요. 만남의 초기에 한번 활용해 보는 것은 어떨까요? 관계를 더욱 탄탄하게 만드는 데 도움이 될 거예요. 결국 사랑은 인생을, 마음을, 시간을 나누는 것입니다. 꼭한번 질문지를 활용하여, 서로에 대해 깊게 알아보기를 권합니다.

1. (유명인을 포함하여) 이 세상 누구와도 함께 저녁을 먹을 수 있다면, 누구를 택하고 싶은가요?

_____

_____

_____

_____

2. 여러분은 유명해지고 싶나요? 얼마나 유명해지고 싶은가요?

_____

_____

_____

_____

3. 전화를 걸기 전에 상대방에게 뭐라고 말할지 연습해 본 적이 있나요?

   있다면 이유가 뭔가요?

_____

_____

_____

_____

4. 당신에게 '완벽한' 날은 어떤 날인가요?

_____

_____

_____

_____

_____

5. 자신을 위해 노래를 부른 것이 언제 마지막이었나요? 다른 사람을 위해서는요?

_____

_____

_____

6. 여러분이 90세까지 살 수 있다고 해 봅시다. 그중 마지막 60년을 30세의 마음, 혹은 30세의 몸으로 살 수 있다면, 여러분은 몸과 마음 중 어느 쪽을 택할 건가요?

_____

_____

_____

7. 자신이 어떻게 죽을 것 같다는 예감이 드나요?

_____

_____

_____

8. 당신과 상대방의 공통점 세 가지를 말해 봅시다.

_____

_____

_____

9. 당신의 인생에서 제일 감사하는 일은 무엇인가요?

_____

_____

_____

10. 어린 시절에서 무언가 하나를 바꾼다면 어떤 걸 바꾸고 싶나요?

_____

_____

11. 4분 동안 생각한 다음, 당신 인생을 가능한 한 자세히 상대방에게 이야기해 주세요.

_____

_____

_____

12. 내일 침대에서 일어났을 때 새로운 능력을 갖추게 된다면 어떤 능력을 가지고 싶나요?

_____

_____

13. 당신의 인생이나 미래에 대해 무엇이든 말해 주는 수정구가 있다면, 무엇을 제일 먼저 물어볼 건가요?

_____

_____

_____

14. 오랫동안 하고 싶었던 일이 있나요? 왜 그 일을 하지 않았나요?

_____

_____

15. 지금까지 당신 인생에서 가장 잘한 일은 무엇인가요?

_____

_____

_____

16. 친구 사이에서 무엇을 가장 중요하게 생각하나요?

_____

_____

_____

17. 인생에서 가장 아름다운 추억을 떠올려 보세요. 무엇인가요?

_____

_____

18. 가장 끔찍한 기억은요?

_____

_____

19. 1년 뒤 갑자기 죽을 것이라는 사실을 알게 된다면 어떻게 할 건가요?

지금과는 다르게 살 건가요? 그 이유는 무엇인지도 함께 말해 보세요.

_____

_____

_____

_____

20. 친구는 당신에게 어떤 의미인가요?

_____

_____

_____

21. 사랑과 애정은 당신의 삶에서 어떤 의미인가요?

_____

_____

_____

22. 상대방의 장점 다섯 가지를 서로 말해 보세요.

_____

_____

_____

23. 당신의 가족은 얼마나 화기애애한가요? 당신은 어린 시절을 다른 이

들보다 더 행복하게 보냈다고 생각하나요?

_____

_____

24. 어머니와의 사이가 어떤가요?

_____

_____

_____

_____

25. '우리'로 시작하는 문장 세 가지를 말해 보세요. 예를 들어, '우리는

둘 다 어떠어떠한 느낌을 가지고 있습니다.'와 같은 문장 말이지요.

_____

_____

_____

26. 이 문장을 완성해 보세요. "나는 ~을 함께 나눌 누군가가 있었으면

좋겠다."

_____

_____

_____

_____

27. 상대방이 나와 가까워지기 위해 나에 대해 알아야 하는 것을 말해
보세요.

_____

_____

_____

_____

28. 상대방에 대해 마음에 드는 점을 말해 보세요. 아주 솔직해야 합니
다.

_____

_____

_____

_____

29. 당신의 삶에서 당황스러웠던 순간을 이야기해 봅시다.

_____

_____

_____

_____

30. 가장 최근에 다른 사람 앞에서 울었던 적은 언제인가요? 혼자 운 적
    은요?

    _____

    _____

    _____

    _____

31. 상대방에 대해 이미 좋아하게 된 것들을 말해 보세요.

    _____

    _____

    _____

    _____

32. 혹시 농담으로라도 당신에게 말해서는 안 되는 것이 있다면 어떤 것
    들이 있을까요?

    _____

    _____

    _____

    _____

33. 오늘 밤 누구와도 연락하지 못한 상태에서 죽게 된다고 해 봅시다. 누가 가장 마음에 걸리나요? 그에게 하지 못한 말이 있나요? 왜 그 말을 하지 못했나요?

_____

_____

_____

_____

34. 당신의 집이 불에 타고 있습니다. 가족들을 다 구한 뒤, 마지막 한 가지를 가지고 올 수 있습니다. 어떤 것을 가지고 나올 건가요?

_____

_____

_____

35. 당신은 당신 가족 중에 누구의 죽음을 가장 슬퍼할 것 같나요? 그 이유는 뭔가요?

_____

_____

_____

36. 당신의 문제를 털어놓고 상대방에게 조언을 구해 보세요. 그리고 상대방에게, 내가 그 문제를 어떻게 느끼고 있을지를 생각해 보라고 이야기하세요.

_____

_____

_____

_____

_____

북트리거 일반 도서

북트리거 청소년 도서

저, 사랑이 처음인데요
사랑이 막막한 십 대를 위한 심리학 이야기

1판 1쇄 발행일 2020년 1월 30일
1판 3쇄 발행일 2023년 11월 10일

지은이 이남석
펴낸이 권준구 ｜ 펴낸곳 (주)지학사
본부장 황홍규 ｜ 편집장 김지영 ｜ 팀장 양선화 ｜ 편집 김승주 명준성
기획·책임편집 전해인 ｜ 일러스트 유지별이 ｜ 디자인 정은경디자인
마케팅 송성만 손정빈 윤술옥 박주현 ｜ 제작 김현정 이진형 강석준 오지형
등록 2017년 2월 9일(제2017-000034호) ｜ 주소 서울시 마포구 신촌로6길 5
전화 02.330.5265 ｜ 팩스 02.3141.4488 ｜ 이메일 booktrigger@naver.com
홈페이지 www.jihak.co.kr ｜ 포스트 post.naver.com/booktrigger
페이스북 www.facebook.com/booktrigger ｜ 인스타그램 @booktrigger

ISBN 979-11-89799-19-9 43180

북트리거

트리거(trigger)는 '방아쇠, 계기, 유인, 자극'을 뜻합니다.
북트리거는 나와 사물, 이웃과 세상을 바라보는 시선에 신선한 자극을 주는 책을 펴냅니다.